PROMESAS DE PROVISIÓN

JOSEPH PRINCE

CASA
CREACIÓN

Para vivir la Palabra

Para vivir la Palabra

MANTÉNGANSE ALERTA;
PERMANEZCAN FIRMES EN LA FE;
SEAN VALIENTES Y FUERTES.
—1 Corintios 16:13 (NVI)

Promesas de provisión por Joseph Prince
Publicado por Casa Creación
Miami, Florida
www.casacreacion.com
©2023 Derechos reservados

Library of Congress Control Number: 2013931064
ISBN: 978-1-62136-411-5

Desarrollo editorial: *Grupo Nivel Uno, Inc.*
Adaptación de diseño interior y portada: *Grupo Nivel Uno, Inc.*

Publicado originalmente en inglés bajo el título:
Provision Promises
Publicado por Charisma House
Lake Mary, Florida 32746
© 2013 Joseph Prince

Published in association with www.josephprince.com

Nota de la editorial: Aunque el autor hizo todo lo posible por proveer teléfonos y páginas de internet correctos al momento de la publicación de este libro, ni la editorial ni el autor se responsabilizan por errores o cambios que puedan surgir luego de haberse publicado.

Impreso en Colombia

23 24 25 26 LBS 9 8 7 6 5 4 3 2 1

Contenido

Cuando el ladrón llega, se dedica a robar, matar y destruir.
Yo he venido para que todos ustedes tengan vida,
y para que la vivan plenamente.

—Juan 10:10, TLA

Introducción

Dios desea que usted tenga una vida abundante. Es por eso que ofreció a Jesús. Y con Él vienen todos los buenos dones.

Mi amigo, a través de la obra de Jesús completada en el Calvario, Dios ha provisto todo cuanto usted pueda necesitar para cada área de su vida. Hoy, usted tiene completo acceso a su favor, sabiduría, justicia, abundancia y paz.

Amado, oro para que a medida que usted lea y medite en las promesas de provisión de este libro, experimente el refrescante amor de Dios, su abundante favor inmerecido y su sabiduría práctica. Creo que a medida que lo haga, usted caminará más y más en la vida abundante que Jesús vino a darle según lo prometido en Juan 10:10.

Siempre agradecido,

CAPÍTULO 1

Su provisión está contenida en Jesús

No os afanéis, pues, diciendo:
¿Qué comeremos, o qué beberemos, o qué vestiremos?
orque los gentiles buscan todas estas cosas; pero vuestro Padre
celestial sabe que tenéis necesidad de todas estas cosas.

—MATEO 6:32-32

Pongan todas sus preocupaciones y ansiedades en
las manos de Dios, porque él cuida de ustedes.

—1 PEDRO 5:7, NTV

El padre celestial se interesa por usted

No os afanéis. Tres simples palabras mencionadas *tres* veces por nuestro Señor Jesús cuando nos enseñaba a no preocuparnos por las necesidades de la vida. ¡Jesús realmente desea que no nos preocupemos por nuestras necesidades!

"Pastor Prince, ¿cómo no voy a preocuparme por mis necesidades?".

Amigo mío, porque "vuestro Padre celestial sabe que tenéis necesidad de todas estas cosas" ¡y quiere proveérselas!

Así que si usted está afrontando una necesidad apremiante, o carece de algo en algún área de su vida, aliéntese. No se desanime. Su Padre celestial conoce todas sus necesidades y está más que dispuesto a proveerle lo que haga falta porque lo ama.

Estimado amigo, usted tiene un buen Padre que se preocupa profundamente por usted y desea proveer para cada una de sus necesidades. Así que no se preocupe. ¡Entréguele todas sus preocupaciones y descanse, reconociendo que Él proveerá abundantemente!

¿Qué hombre hay de vosotros, que si su hijo le pide pan,
le dará una piedra? ¿O si le pide un pescado,
le dará una serpiente? Pues si vosotros, siendo malos,
sabéis dar buenas dádivas a vuestros hijos,
¿cuánto más vuestro Padre que está en los cielos
dará buenas cosas a los que le pidan?
—**MATEO 7:9-11**

Por tanto, os digo que todo lo que pidiereis
orando, creed que lo recibiréis, y os vendrá.
—**MARCOS 11:24**

Dios es un buen padre

¿Cómo sabemos que Dios es un buen Dios y un buen padre? Jesús trata este asunto simplemente haciendo otra pregunta: "Si los padres terrenales, siendo imperfectos, saben cómo dar buenas dádivas a sus hijos, ¿no cree usted que su amoroso Padre celestial será aún mejor?".

Amigo mío, si su hijo le pide pan, ¿usted le dará una piedra? Ciertamente no. Usted le dará el mejor pan que pueda encontrar. Cuanto más, entonces, su Padre celestial le dará cosas buenas cuando usted se las pida.

Amado, entienda en su corazón que Dios es un buen Padre para usted. De modo que si hoy necesita algo, sencillamente pídaselo. Y al hacerlo, crea que lo ha recibido de Él, ¡y lo tendrá!

Usted no
está solo
en este mundo.

*Usted tiene un **buen** **Padre celestial** que se preocupa profundamente por usted.*

Porque de tal manera amó Dios al mundo, que ha
dado a su Hijo unigénito, para que todo aquel que
en él cree, no se pierda, mas tenga vida eterna.

—JUAN 3:16

Entonces alzó Abraham sus ojos y miró, y he aquí a sus espaldas
un carnero trabado en un zarzal por sus cuernos; y fue Abraham
y tomó el carnero, y lo ofreció en holocausto en lugar de su hijo.

—GÉNESIS 22:13

El que no escatimó ni a su propio Hijo, sino que lo entregó por
todos nosotros, ¿cómo no nos dará también con él todas las cosas?

—ROMANOS 8:32

De tal manera lo amó Dios a usted que le dio a Jesús

Dios es un Dios bueno. Es un Dios de **amor**. Sin embargo, nunca sabremos cuanto nos ama, hasta que no entendamos cuanto ama Él a Jesús, porque nos dio a **Jesús**, su Hijo amado.

¿Recuerda la historia de Abraham en Génesis 22? El corazón de Abraham debió de haberse roto cuando tuvo que llevar a su único hijo, Isaac, al monte Moriah para ser sacrificado. Pero al final Isaac no tuvo que morir porque Dios proveyó un sustituto: un carnero.

El carnero trabado en el zarzal, era realmente una imagen de Jesús, quien un día sería arrestado y llevado al monte Calvario para ser sacrificado en nuestro lugar por nuestros pecados.

Amigo mío, Dios amó de tal manera a su Hijo pero también lo amó de tal manera a *usted* que estuvo dispuesto a dar a su Hijo por usted. ¡Así de grande es su amor por usted! Si Dios estuvo dispuesto a dar lo mejor del cielo, Jesús, ¿cree usted que dejará de darle algo bueno?

*Mas por él estáis vosotros en Cristo Jesús, el cual nos ha sido hecho
por Dios sabiduría, justificación, santificación y redención.*

—1 CORINTIOS 1:30

*...para que sean consolados sus corazones, unidos en amor, hasta
alcanzar todas las riquezas de pleno entendimiento, a fin de
conocer el misterio de Dios el Padre, y de Cristo, en quien están
escondidos todos los tesoros de la sabiduría y del conocimiento.*

—COLOSENSES 2:2-3

*...y vosotros estáis completos en él, que es la
cabeza de todo principado y potestad.*

—COLOSENSES 2:10

Usted tiene a Jesús: ¡lo tiene todo!

Cuando usted ama profundamente a una persona, esta dispuesto a darle todo lo mejor. Para mostrarle su amor a esa persona, le dará lo que más valora.

Mi amigo, eso fue exactamente lo que hizo Dios cuando le dio a usted a JESÚS. Jesús es la niña de los ojos de Dios, el Hijo amado del cielo. Sin embargo, Dios lo dio por *usted*, porque así de grande es su amor por usted. ¡Dios desea que usted tenga lo mejor de Él!

Y Jesús es lo mejor de Dios para nosotros porque ¡cuando tenemos a Jesús, lo tenemos TODO! Jesús es nuestra sabiduría, nuestra justicia, nuestra santificación, nuestra redención, nuestro éxito. ¡En Él están escondidos *todos* los tesoros de sabiduría y conocimiento!

Amado, usted es verdaderamente rico porque tiene a Cristo. En Cristo, usted está completo. No espere a tener esto o aquello antes de sentirse completo. Usted *ya* está completo en Cristo, ¡su todo en todo!

JESUCRISTO...

Sabiduría de lo alto

Consejero admirable

Luz del mundo

El Señor es nuestra *salvación*

Pariente *redentor*

Torre *fuerte*

La resurrección y la vida

Príncipe de *paz*

El Señor, nuestro *proveedor*

Autor y consumador de nuestra fe

El Señor que les devuelve *la salud*

Pan de vida

Buen *pastor*

Alfa y omega

El *camino*, la *verdad* y la *vida*

Sumo *sacerdote*

El gran *Yo Soy*

...NUESTRO TODO EN TODO

*J*esús, tú eres el todo en todo, el gran Yo Soy
Cuando Dios nos dio a Jesús, nos dio todo. Somos verdaderamente ricos porque tenemos a Jesús, nuestro **todo en todo**. Amigo mío, si usted necesita sabiduría, Cristo es su sabiduría. Si necesita justicia, Cristo es su justicia. Si necesita santificación y redención, Cristo es ambas cosas para usted. Si necesita fe, Él es su fe. Si siente miedo de las probabilidades adversas, Él es su favor. Si está débil, Él es su fortaleza. Si se encuentra preocupado y ansioso, Él es su paz. Si se siente vulnerable, Él es su escudo. Si está solo, Él es su compañero fiel. Si está enfermo, Él es su sanidad y su salud.

Amado, Jesús es el gran YO SOY y le dice: "¡YO SOY para ti *lo que necesites* que Yo sea!".

Gustad, y ved que es bueno Jehová; Dichoso
el hombre que confía en él.
—SALMO 34:8

Mas no quiso Jehová tu Dios oír a Balaam; y Jehová tu Dios te
convirtió la maldición en bendición, porque Jehová tu Dios te amaba.
—DEUTERONOMIO 23:5

En esto hemos conocido el amor, en que él puso su vida por nosotros;
también nosotros debemos poner nuestras vidas por los hermanos.
—JUAN 3:16

Mirad cuál amor nos ha dado el Padre,
para que seamos llamados hijos de Dios…
—1 JUAN 3:1

Vea el amor de Dios y vea su provisión

Cuando usted cambie la manera de verse a sí mismo y a Dios, verá cambios en sus circunstancias negativas.

Una dama de Tennessee descubrió esto cuando estaba a punto de darse por vencida respecto a su fracasado negocio de diseño gráfico. Para ese tiempo, le habían regalado mi libro *Destinados para reinar*, el cual cambió completamente la manera en que se veía a sí misma y a su carrera.

Ella dijo: "Mi forma de pensar sobre mí misma y, lo que es más importante, sobre **cuanto me ama Dios** a través de Jesucristo, comenzó a cambiar. Comencé a creer y ver que *Jesús* es mi éxito, que no es mi carrera la que me hace exitosa… Al cabo de dos meses, comencé a ver que mi negocio daba un giro. Seis meses después la empresa ha crecido significativamente: cada mes recibo regalías que nunca pensé recibir".

¡Amado, crea que usted *es* grande e infinitamente amado por su Padre celestial, y que no puede hacer otra cosa que disfrutar las bondades de Él en su vida!

*Sabiduría ante todo; adquiere sabiduría; y sobre
todas tus posesiones adquiere inteligencia.*
—**PROVERBIOS 4:7**

*Con la mano derecha [la sabiduría] ofrece larga
vida; con la izquierda, honor y riquezas.*
—**PROVERBIOS 3:16, NVI (ACLARACIÓN ENTRE CORCHETES AÑADIDA)**

*Y si alguno de vosotros tiene falta de sabiduría, pídala a Dios, el
cual da a todos abundantemente y sin reproche, y le será dada.*
—**SANTIAGO 1:5**

*Mas por él estáis vosotros en Cristo Jesús,
el cual nos ha sido hecho por Dios sabiduría…*
—**1 CORINTIOS 1:30**

Usted tiene a Jesús como su sabiduría

Dios quiere que busquemos la sabiduría. La sabiduría "ante todo", nos dice. No estamos llamados a ir tras las riquezas. Pero cuando tenemos sabiduría, todas las cosas que busquemos nos seguirán, incluyendo el honor y la largura de días. De modo que ¡*nunca* haga de las riquezas su meta!

Amigo mío, si le falta sabiduría, sencillamente pídasela a Dios. Él se la dará "abundantemente y sin reproche". La verdad es que Él ya le ha dado sabiduría cuando le dio a Jesús "el cual nos ha sido hecho por Dios sabiduría".

De manera que si está afrontando algún reto en su trabajo y no sabe cómo resolverlo, diga: "Jesús, tú eres mi sabiduría. Te doy gracias porque me proveerás la mejor solución". Si usted tiene un niño travieso, diga: "Jesús, gracias por la sabiduría para amar y criar correctamente a este niño".

¡Amado, usted es muy bendecido al tener a Jesús, en quien residen todos los tesoros de la sabiduría y el conocimiento!

Pues si por la transgresión de un solo hombre reinó la muerte,
con mayor razón los que reciben en abundancia la gracia
y el don de la justicia reinarán en vida por
medio de un solo hombre, Jesucristo.

—**ROMANOS 5:17, NVI**

Mas por él estáis vosotros en Cristo Jesús,
el cual nos ha sido hecho por Dios sabiduría,
justificación, santificación y redención.

—**1 CORINTIOS 1:30**

Toda la alabanza sea para Dios, el Padre de nuestro Señor Jesucristo,
quien nos ha bendecido con toda clase de bendiciones espirituales
en los lugares celestiales, porque estamos unidos a Cristo.

—**EFESIOS 1:3, NTV**

La justicia es un don

Usted no puede ganar las bendiciones de Dios mediante sus buenas obras. ¡Todas sus bendiciones, incluyendo las bendiciones de provisión, están contenidas en la persona de **Jesús**! Cuando usted tiene a Jesús, tiene la plenitud del don de la justicia y la abundancia de gracia por el favor inmerecido de Dios. Usted no puede ganarlas, trabajar por ellas o merecerlas. ¡Son regalos!

Jesús es su justicia, santidad y redención. Usted es justo, santo y redimido (y bendecido) no por sus buenas obras, sino porque recibió la provisión de Dios, su Hijo.

Jesús nunca puede fallar ni ser removido del trono, usted siempre lo tendrá como su justicia, santidad y redención. Ahora, ponga su mano sobre su corazón y diga: "Jesús, porque te tengo siempre estaré justificado por tu preciosa sangre. Todas las bendiciones, provisión y favor que corresponden al justo son mías hoy ¡y las recibo por fe! ¡Amén y amén!".

...para alabanza de la gloria de su gracia,
con la cual nos hizo aceptos en el Amado...
—EFESIOS 1:6

Porque tú, oh Jehová, bendecirás al justo;
como con un escudo lo rodearás de tu favor.
—SALMO 5:12

El amor nunca deja de ser...
—1 CORINTIOS 13:8

¡Usted es altamente favorecido por Jesús!

La Biblia nos dice que Dios "nos hizo aceptos en el Amado". El Amado aquí se refiere a Jesús y la palabra "aceptos" significa "altamente favorecido" o "que se le otorga un honor especial".

Amigo mío, como usted tiene a Jesús, el amado de Dios, y está fundado en Él, usted también es un hijo amado o una hija amada por Dios; *¡profundamente amado* y *altamente favorecido* por Él!

Como usted es altamente favorecido por Dios en el Amado, puede esperar tener favor con su cónyuge, hijos, colegas, clientes ¡e incluso con sus suegros! Cuando usted habla, la gente escucha. Cuando entra en una habitación, esta se ilumina. Todo lo que usted toca es bendecido y crece.

Amado, ya que es la niña de los ojos de Dios, espere que le sucedan cosas buenas cada día. Espere la protección divina pues su favor lo rodea como un escudo. Confíe en que cada necesidad será cubierta por Aquel que lo ha favorecido altamente. ¡Espere lo mejor porque usted es precioso ante sus ojos!

*Cuando ella se levantó para espigar, Booz ordenó a sus siervos,
diciendo: Dejadla espigar aun entre las gavillas y no la avergoncéis.
También sacaréis a propósito para ella un poco de grano de los
manojos y lo dejaréis para que ella lo recoja, y no la reprendáis.*

—RUT 2:15-16, LBLA

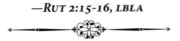

*Jehová te enviará su bendición sobre tus graneros, y
sobre todo aquello en que pusieres tu mano; y te
bendecirá en la tierra que Jehová tu Dios te da.*

—DEUTERONOMIO 28:8

Entre por fe en el campo de su provisión

Ella vio muchos granos en el suelo y los recogió todos. Esta era la provisión tan necesaria para ella y su suegra. Lo que Rut no sabía era que el dueño del campo, Booz, había dado instrucciones a sus criados diciendo: "También sacaréis **a propósito** para ella *un poco de grano* de los manojos y *lo* dejaréis para que ella *lo* recoja", porque había hallado favor delante de sus ojos.

Amigo mío, ¿no es grandioso cuando Jesús, nuestro Booz celestial, derrama *a propósito* sus bendiciones sobre nosotros y da instrucciones a los ángeles para que las dejen caer en nuestro camino. Todo lo que tenemos que hacer es salir al campo y recogerlas.

Amado, usted ha encontrado favor ante sus ojos, por lo tanto ¡el Señor está derramando *a propósito* sus bendiciones en su camino cada día! Como Rut, lo único que usted debe hacer es salir al campo de provisión. Con ojos de fe, vea puertas de oportunidades abrirse delante de usted. Tenga el valor de solicitar ese empleo con el que siempre ha soñado. Prepárese y equípese y vaya y recoja esas bendiciones que ya el Señor ha dejado caer para usted. ¡Su futuro es brillante!

Dios lo
amó tanto a usted
que dio lo mejor de sí,
JESÚS.

¡Como usted tiene a
JESÚS,
lo tiene
TODO!

*Justificados, pues, por la fe, tenemos paz para con
Dios por medio de nuestro Señor Jesucristo.*
—**Romanos 5:1**

*Porque él es nuestra paz, que de ambos pueblos hizo
uno, derribando la pared intermedia de separación.*
—**Efesios 2:14**

*¿Qué, pues, diremos a esto? Si Dios es por
nosotros, ¿quién contra nosotros?*
—**Romanos 8:31**

¿Quién contra usted?

Amigo mío, ¿cree usted que hoy Dios está a favor de usted y no en su contra? Como ve, la mayor bendición que alguien puede tener es **paz con Dios** a través de Jesucristo. Conocer, más allá de toda sombra de duda, que todos sus pecados fueron perdonados, es la mayor provisión hecha para usted en el monte Calvario.

En la cruz Jesús llevó sobre sí todo los pecados de usted. Absorbió toda la indignación y el juicio de Dios contra sus pecados pasados, presentes y futuros, para que usted pueda ser completamente perdonado y tenga paz eterna con Dios.

Por lo tanto, hoy no hay nada entre Dios y usted. ¡No hay más pecado ni más vergüenza o condenación! Si Dios es por usted, ¿quién contra usted? Ahora, ¿qué hará usted hoy sabiendo que todo el favor de Dios, su sabiduría, provisión celestial y bendiciones lo están respaldando y que usted no puede fracasar?

Y el mismo Señor de paz os dé siempre paz en toda
manera. El Señor sea con todos vosotros.

—2 TESALONICENSES 3:16

La paz os dejo, mi paz os doy; yo no os la doy como el mundo
la da. No se turbe vuestro corazón, ni tenga miedo.

—JUAN 14:27

Por nada estéis afanosos, sino sean conocidas vuestras peticiones
delante de Dios en toda oración y ruego, con acción de gracias.
Y la paz de Dios, que sobrepasa todo entendimiento, guardará
vuestros corazones y vuestros pensamientos en Cristo Jesús.

—FILIPENSES 4:6-7

Jesús, el Príncipe de paz

Cualquiera sea el desafío, crisis o circunstancia que esté enfrentando hoy, permita que la provisión de paz de Dios fluya en y a través de usted. Jesús es el Príncipe de paz. Él vino a darle paz y estabilizar su corazón aún a través de los tiempos más turbulentos.

No importa cuan embravecida pueda parecer la tormenta, cuan alto esté el nivel de desempleo o cuan bajo caiga la economía mundial, permita que la paz de Dios reine en su mente y corazón. Es una paz que sobrepasa todo entendimiento, que le provee seguridad, quietud mental, estabilidad e incluso dulces sueños.

¿Cómo puede dejar que su corazón no se turbe ni tenga miedo? Recibiendo hoy una dosis fresca de la perfecta paz que proviene directamente del Príncipe de Paz. Cambie sus preocupaciones por oraciones. ¡Su fuerte paz le brindará seguridad en medio de cualquier tormenta!

Amado, yo deseo que tú seas prosperado en todas las cosas,
y que tengas salud, así como prospera tu alma.
—3 JUAN 1:2

Canten y alégrense los que están a favor de mi justa
causa, y digan siempre: Sea exaltado Jehová, que ama
la paz de su siervo.
—SALMO 35:27

No temáis, manada pequeña, porque a vuestro
Padre le ha placido daros el reino.
—LUCAS 12:32

El corazón de Dios quiere verlo bendecido

Cuando Juan, el apóstol del amor, escribió el libro 3 de Juan, ya era un anciano que había caminado muchos años con el Señor. Si había alguien que sabía lo que el Señor quería para su gente, ese era Juan.

Juan sabía sin sombra de duda que el anhelo del corazón del Señor para su pueblo es que sean bendecidos y saludables, incluso que sus almas sean bendecidas. Su corazón se deleita cuando su gente experimenta bendición en **cada área** de su vida.

Amado, el Señor se *complace* cuando usted está feliz y saludable, disfrutando de su matrimonio, sus hijos y su carrera. Él se complace cuando puede poner comida sobre su mesa y tiene más que suficiente para ser una bendición para las personas que lo rodean.

Pues si por la transgresión de uno solo reinó la muerte, mucho más reinarán en vida por uno solo, Jesucristo, los que reciben la abundancia de la gracia y del don de la justicia.
—ROMANOS 5:17

...para que así como el pecado reinó para muerte, así también la gracia reine por la justicia para vida eterna mediante Jesucristo, Señor nuestro.
—ROMANOS 5:21

El ladrón no viene sino para hurtar y matar y destruir; yo he venido para que tengan vida, y para que la tengan en abundancia.
—JUAN 10:10

Así que la fe viene del oír, y el oír, por la palabra de Cristo.
—ROMANOS 10:17, LBLA

¡Jesús quiere usted reine en vida!

Estoy seguro de que usted sabe que Romanos 5:17 es un versículo que me encanta predicar. ¡Nos dice que quienes han recibido la abundancia de la gracia y el don de la justicia **reinarán en vida** por Jesucristo!

Amigo mío, cuando usted reina en vida, reina sobre el pecado y las adicciones destructivas. Usted reina sobre las enfermedades y las dolencias. Reina sobre la pobreza y la escasez. En otras palabras, ¡usted reina sobre todo lo que le ha impedido experimentar la *vida abundante* que Jesús quiso otorgarle al morir!

Amado, el Señor desea que usted reine en vida. Cuanta mayor revelación reciba usted de la abundancia de gracia y el don de la justicia, más experimentará su abundante provisión para cada área de su vida. Ahora bien, sabemos que la fe viene por el oír, y el oír, por la palabra de Dios. Por lo tanto, siga escuchando la predicación de la abundancia de gracia y del don de la justicia. Cuanto más escuche, más recibirá.

*Enséñales a los ricos de este mundo que no sean orgullosos ni
que confíen en su dinero, el cual es tan inestable. Deberían
depositar su confianza en Dios, quien nos da en abundancia
todo lo que necesitamos para que lo disfrutemos.*

—1 TIMOTEO 6:17, NTV

*Bendito el varón que confía en Jehová, y cuya confianza
es Jehová. Porque será como el árbol plantado junto a las
aguas, que junto a la corriente echará sus raíces, y no verá
cuando viene el calor, sino que su hoja estará verde; y en
el año de sequía no se fatigará, ni dejará de dar fruto.*

—JEREMÍAS 17:7-8

Confíe completamente en Jesús

La Biblia nos dice claramente que no pongamos nuestra confianza en el dinero. Nuestros ojos no deben estar puestos en el dinero y el dinero nunca debe ser nuestra meta. Es necio poner nuestra confianza en las riquezas inciertas.

Mejor, coloque su mirada y ponga su confianza en la persona de Jesús. No cometa el error de correr tras la provisión e ignorar al Proveedor. La Palabra dice que es Dios quien nos da y nos provee **todo lo que necesitamos para que lo disfrutemos**.

Amado, cuando usted tiene a Jesús, lo tiene todo. Tiene paz, justicia, perdón, sabiduría, salud, poder, provisión, favor y toda bendición. Ahora bien, **esto** es verdadera prosperidad y éxito. Por lo tanto, ánclese en Él y no en las cosas materiales.

Pues me propuse no saber entre vosotros cosa
alguna sino a Jesucristo, y a este crucificado.
—1 CORINTIOS 2:2

Porque no me avergüenzo del evangelio, porque es poder
de Dios para salvación a todo aquel que cree...
—ROMANOS 1:16

La salvación es de Jehová; sobre tu pueblo sea tu bendición.
—SALMO 3:8

Todo se cifra en Jesús

A través de mi programa de televisión, una pareja de Dakota del Sur recibió la revelación de que la vida cristiana y caminar en la provisión de Dios se cifran en la persona de Jesús y su obra terminada. Con todo su corazón procuraron concentrarse únicamente en Jesús.

Ellos me compartieron que en el momento en que decidieron concentrarse en Jesús, comenzaron a experimentar un avance tras otro. Algunos miembros de su familia fueron sanados de infecciones, fibromialgia y anemia perniciosa.

Más adelante, su hija recibió una beca parcial para estudiar en una universidad cristiana. Dos días antes de que partiera a estudiar, comenzaron a llegar cheques que cubrieron exactamente su primer año de universidad. Con gran entusiasmo me compartieron: "¡Estamos maravillados de como descansar en *Jesús* y en lo que *Él* ha hecho ha cambiado nuestra familia!".

Amado, prepárese para avanzar poniendo su confianza en Jesús. ¡Él lo ama!

CAPÍTULO 2

Acérquese audazmente a un Dios abundante

Y respondió Abram al rey de Sodoma: He alzado mi mano a
Jehová Dios Altísimo, creador de los cielos y de la tierra...

—GÉNESIS 14:22

Porque mía es toda bestia del bosque,
y los millares de animales en los collados.

—SALMO 50:10

El que no escatimó ni a su propio Hijo, sino que lo entregó por
todos nosotros, ¿cómo no nos dará también con él todas las cosas?

—ROMANOS 8:32

No temáis, manada pequeña, porque a vuestro
Padre le ha placido daros el reino.

—LUCAS 12:32

Libérese de las carencias

¿Cree usted que nuestro Dios es un Dios GRANDE de abundancia y provisión inagotables? Él es dueño del cielo y de la tierra. Él no es *mezquino.* Él es *El Shaddai:* ¡el todopoderoso, todo suficiente, el revitalizador de todo! Y en Cristo la abundancia de la sabiduría de Dios, el favor, la capacidad, la fuerza y la creatividad que usted necesita para tener una familia, una carrera y un ministerio exitoso, son suyos para experimentarlos y vivirlos.

Quiero retarlo a romper con la mentalidad de carencia escogiendo fijar sus ojos en un Dios abundante, que ha puesto a su disposición sus recursos ilimitados porque usted es su hijo amado.

¿Qué le falta hoy? ¿Necesita un trabajo? ¿Necesita más tiempo? ¿O sencillamente se siente abrumado por las demandas de su familia y trabajo? En lugar de mirar lo que le falta, comience a ver a un Dios GRANDE que le provee de su abundancia un trabajo que amará, sabiduría para manejar su tiempo y paz en su trabajo y en su hogar.

EL DIOS que es *dueño del universo,* es su **PADRE CELESTIAL.**

Usted es **HIJO** *de Dios,* su **HEREDERO** y **COHEREDERO** *con Jesús.*

*El Espíritu mismo da testimonio a nuestro espíritu,
de que somos hijos de Dios. Y si hijos, también herederos;
herederos de Dios y coherederos con Cristo…*
—ROMANOS 8:16-17

*Bendito sea el Dios y Padre de nuestro Señor
Jesucristo, que nos bendijo con toda bendición
espiritual en los lugares celestiales en Cristo,*
—EFESIOS 1:3

*Su divino poder, al darnos el conocimiento de aquel que nos
llamó por su propia gloria y potencia, nos ha concedido todas
las cosas que necesitamos para vivir como Dios manda.*
—2 PEDRO 1:3, NVI

*Pues si vosotros, siendo malos, sabéis dar buenas dádivas
a vuestros hijos, ¿cuánto más vuestro Padre que está en
los cielos dará buenas cosas a los que le pidan?*
—MATEO 7:11

Es tiempo de que cambie su mentalidad

Soy demasiado viejo. Soy demasiado joven. No tengo suficiente experiencia. Solo están contratando graduados universitarios. Si está buscando un empleo y su mente es presa de pensamientos como estos, usted ha sido derrotado por sus pensamientos aun antes de salir para una entrevista.

Es tiempo de que cambie su mentalidad. Como hijo de Dios usted es su heredero, y coheredero con Cristo. Esto implica que usted tiene el mismo favor perfecto que Jesús tiene. Por lo tanto, camine en fe y espere que su favor le abra puertas y le ofrezcan el trabajo que siempre ha deseado, sin importar sus limitaciones naturales.

Una dama de mi iglesia, de cincuenta y tantos años, luego de escucharme compartir esto, cambió su mentalidad. Decidió poner su confianza en el favor inmerecido de Dios, preparó su currículum vítae y lo envió por fe. Esa misma semana, dos compañías diferentes la citaron para entrevistas, que resultaron en dos ofertas de empleo. Ella escogió una ¡y hace cinco años que tiene un trabajo remunerado!

Porque ya conocéis la gracia de nuestro Señor Jesucristo,
que por amor a vosotros se hizo pobre, siendo rico, para
que vosotros con su pobreza fueseis enriquecidos.

—2 CORINTIOS 8:9

Después de clavarlo en la cruz, los soldados
sortearon su ropa tirando los dados.

—MATEO 27:35, NTV

…Y prestarás a muchas naciones, y tú no pedirás prestado.
Te pondrá Jehová por cabeza, y no por cola…

—DEUTERONOMIO 28:12-13

El divino intercambio

El apóstol Pablo nos dice en 2 Corintios 8:9 que, por nuestro bien, Jesús se hizo pobre, de modo que nosotros por medio de su pobreza pudiéramos hacernos ricos. En la cruz, Jesús llevó todo nuestro pecado y nuestra pobreza. Fue humillado, escupido y desnudado. Los soldados romanos hasta se sortearon su ropa.

Aquel que alimentó a más de 5000 personas, dio a los pescadores una pesca que rompía sus redes y casi hundía su barco y quien puso el oro, los rubíes y diamantes en la tierra, tomó su lugar de pobreza en la cruz, solamente para que usted pudiese tomar su lugar de abundancia. Un intercambio divino ocurrió en el Calvario: el pecado de usted por la justicia de Él, y su pobreza por su provisión.

Amigo mío, Jesús es la razón por la cual usted es cabeza y no cola, está arriba y no abajo, es el prestador y no el prestatario. ÉL es la razón por la cual usted puede ser ¡bendecido para bendecir!

No os afanéis, pues, diciendo: ¿Qué comeremos, o qué beberemos, o qué vestiremos? Porque los gentiles buscan todas estas cosas; pero vuestro Padre celestial sabe que tenéis necesidad de todas estas cosas.
—MATEO 6:31-32

Bendito el fruto de tu vientre, el fruto de tu tierra, el fruto de tus bestias, la cría de tus vacas y los rebaños de tus ovejas. Benditas serán tu canasta y tu artesa de amasar. Bendito serás en tu entrar, y bendito en tu salir. Jehová derrotará a tus enemigos que se levantaren contra ti; por un camino saldrán contra ti, y por siete caminos huirán de delante de ti. Jehová te enviará su bendición sobre tus graneros, y sobre todo aquello en que pusieres tu mano...
—DEUTERONOMIO 28:4-8

Dios es un Dios práctico

Nuestro Dios es un Dios **práctico**, que está interesado en proveer para sus necesidades prácticas diarias. Déle una mirada a Jesús a través de historias de los cuatro evangelios.

A los que tenían hambre, Él les proveyó alimento multiplicando los panes y los peces. A los pescadores que trabajaron toda la noche y no capturaron nada, Él les dio más de un bote repleto de peces. Jesús no se detuvo ahí: cualquiera que lo encontraba recibía de Él lo que le hacía falta. Sanó al quebrantado de corazón y dio vista al ciego. Los enfermos que llegaban a él siempre eran sanados. ¡Hasta los muertos recibían resurrección y vida!

Amigo mío, ¡Jesús es el mismo ayer, hoy y por los siglos! Él sigue proveyendo. Por lo tanto, cualquier cosa que usted necesite hoy, ya sea sabiduría, favor, sanidad o fuerzas divinas, vaya a Él. Él es un Dios práctico.

*Y este mismo Dios quien me cuida suplirá todo lo que necesiten,
de las gloriosas riquezas que nos ha dado por medio de Cristo Jesús.*

—FILIPENSES 4:19, NTV

*Bendito el Señor; cada día nos colma de
beneficios el Dios de nuestra salvación.*

—SALMO 68:19

*La dádiva del hombre le ensancha el camino
y le lleva delante de los grandes.*

—PROVERBIOS 18:16

*El alma del perezoso desea, y nada alcanza;
mas el alma de los diligentes será prosperada.*

—PROVERBIOS 13:4

La gracia de Dios siempre provee

Cuando Jesús gritó "¡Consumado es!" el muro de pecado que
nos separaba de Dios se derribó y Dios desató sobre nosotros
un manantial de su gracia. Hoy esa gracia sigue fluyendo hacia
nosotros, proveyendo cualquier cosa que necesitemos en esta
vida, ¡llenándonos diariamente con beneficios!

Amigo mío, la esencia de la gracia de Dios es PROVEER.
Cuando usted es consciente de la provisión divina, en lugar de las
demandas de este mundo, se encuentra bajo su gracia. Es entonces
cuando ve su abundante provisión para cada necesidad y situación.

De modo que si tiene problemas para encontrar empleo, más
allá de creer que Dios le proveerá uno, vea al Señor estimulando
los dones y habilidades latentes que Él ha puesto en usted. Cuando usted pone a punto esos dones, la Palabra de Dios declara que
a su debido tiempo sus dones desbloquearán puertas de oportunidades y lo llevarán delante de grande hombres. No solo crea
que será empleado, ¡crea también que Dios lo prepara, cultiva y
desarrolla para una posición de influencia en lo que usted hace!

*Uno de sus discípulos, Andrés, hermano de Simón Pedro, le
dijo: Aquí está un muchacho, que tiene cinco panes de cebada
y dos pececillos; mas ¿qué es esto para tantos? Entonces
Jesús dijo: Haced recostar la gente. Y había mucha hierba
en aquel lugar; y se recostaron como en número de cinco
mil varones. Y tomó Jesús aquellos panes, y habiendo dado
gracias, los repartió entre los discípulos, y los discípulos entre
los que estaban recostados; asimismo de los peces, cuanto
querían. Y cuando se hubieron saciado, dijo a sus discípulos:
Recoged los pedazos que sobraron, para que no se pierda nada.
Recogieron, pues, y llenaron doce cestas de pedazos, que de los
cinco panes de cebada sobraron a los que habían comido.*

—JUAN 6:8-13

Póngalo en las manos de Él

Cuando Jesús vio los cinco panes y los dos pequeños peces, a diferencia de sus discípulos, no vio la **exigencia**, imposible en lo natural, depositada sobre Él: alimentar a 5000 hombres (sin incluir a las mujeres y a los niños) con el escaso almuerzo de un niño. Él vio la **provisión** sobrenatural del reino de su Padre.

¿El resultado? No solo la gente se alimentó hasta satisfacerse, ¡sino que sobraron doce canastas llenas de comida!

Amigo mío, ¿está usted enfrentando una situación de insuficiencia hoy? Quizás no encuentra suficiente tiempo para completar su trabajo, así como para pasar tiempo de calidad con su familia. ¿Por qué no deposita su tiempo en las manos de Jesús y, como hizo con los cinco panes y los dos pequeños peces, permita que los multiplique? Jesús le dará sabiduría para saber como utilizar mejor su tiempo.

¡Inténtelo! ¡Entréguele eso poco a Jesús! ¡Él multiplicará lo poco que haya en sus manos hasta que sobre!

Cuando descendió Jesús del monte, le seguía mucha gente.
Y he aquí vino un leproso y se postró ante él, diciendo: Señor,
si quieres, puedes limpiarme. Jesús extendió la mano y le tocó,
diciendo: Quiero; sé limpio. Y al instante su lepra desapareció.

—Mateo 8:1-3

Y a Aquel que es poderoso para hacer todas las cosas
mucho más abundantemente de lo que pedimos o
entendemos, según el poder que actúa en nosotros.

—Efesios 3:20

Más allá de toda expectativa

Cuando el Señor lo bendice, lo hace más allá de lo que usted espera. Al sanar al leproso, "Jesús extendió la mano y le tocó, diciendo: Quiero; sé limpio". Inmediatamente el hombre fue sano.

Amigo mío, ¿vio que Jesús *tocó* al leproso antes de sanarlo? ¡Me encantan estos pequeños gestos de Jesús! Ese simple toque le restauró un sentido de humanidad y dignidad a un hombre que no había sido tocado por mucho tiempo. Debido a su condición impura y físicamente repulsiva, nadie quería estar cerca de él y mucho menos tocarlo.

Jesús sabía que el leproso necesitaba algo más que ser sanado físicamente, así que le dio por encima y más allá de lo que el leproso había deseado. Amado, ese es el amor y la gracia sobreabundante de nuestro Salvador. ¿De qué carece usted hoy? ¡Sepa sin duda alguna que la provisión de Jesús excederá todas sus expectativas!

Pida en GRANDE.
Sueñe en GRANDE.

¡JESÚS
excederá
TODAS *sus*
expectativas!

*El ladrón no viene sino para hurtar y matar y destruir; yo he venido
para que tengan vida, y para que la tengan en abundancia.*
—JUAN 10:10

*Jesús le dijo: Porque me has visto, Tomás, creíste;
bienaventurados los que no vieron, y creyeron.*
—JUAN 20:29

*Canten y alégrense los que están a favor de mi justa causa, y digan
siempre: Sea exaltado Jehová, que ama la paz de su siervo.*
—SALMO 35:27

*La mano negligente empobrece; mas la mano de los
diligentes enriquece.*
—PROVERBIOS 10:4

El Dios abundante

Una dama en mi congregación me escuchó predicar sobre
Juan 10:10 y como Jesús vino para que podamos tener vida y la
tengamos en abundancia. Desde ese momento, la revelación de
un Dios abundante comenzó a resonar dentro de ella.

Vea usted, siendo huérfana, esta mujer creció en una pobreza
extrema. Sin embargo, cuando comenzó a meditar en su Dios
abundante, las cosas comenzaron a cambiar. Ella comenzó a tener
grandes sueños e inició una compañía para seguir esos sueños.
Hoy su pequeña compañía es un gigante registrado públicamente
y un líder mundial en su sector. Su fortuna personal asciende a
cientos de millones de dólares.

Una de las personas más humildes que usted pueda conocer,
siempre tiene la frase "el Dios abundante" en sus labios. Cuando
la gente le pregunta cual es el secreto de su éxito, ella siempre
comparte con una amable sonrisa: "Mi abundante Dios me ha
bendecido". Amigo mío, anímese y ¡comience hoy mismo a ver
a Dios como su Dios ABUNDANTE!

Aconteció también en otro día de reposo, que él entró en la
sinagoga y enseñaba; y estaba allí un hombre que tenía seca la
mano derecha... Y mirándolos a todos alrededor, dijo al hombre:
Extiende tu mano. Y él lo hizo así, y su mano fue restaurada.
—LUCAS 6:6, 10

Acuérdate del Señor tu Dios. Él es quien te da
las fuerzas para obtener riquezas...
—DEUTERONOMIO 8:18, NTV

Como restaurar el poder para proveer

Con cada bendición del Señor que experimente, crea que muchas más bendiciones vienen en camino. Así como hay muchas semillas en una fruta, cada bendición de Jesús contiene muchas semillas que proveerán muchas más bendiciones para usted y su familia.

Considere la sanidad que Jesús brindó al hombre de la mano seca. El Evangelio de Lucas nos dice que era la mano derecha del hombre la que estaba dañada. Ahora, la mano derecha es una imagen de fuerza y provisión. ¡Este hombre no solo había perdido su fuerza, sino su capacidad para proveer! Así que cuando Jesús sanó la mano derecha de este hombre, no solo ejecutó un milagro de sanidad, sino que le restauró a él el poder y la habilidad para proveer para sí mismo y para su familia. ¡Aleluya!

¿Se encuentran hoy secos su poder y habilidad para proveer? Jesús le dice: "¡Estira tu mano, sé sano y completamente restaurado, con poder para proveer para ti y tu familia!".

Y tomó Jesús aquellos panes, y habiendo dado gracias, los repartió entre los discípulos, y los discípulos entre los que estaban recostados; asimismo de los peces, cuanto querían. Y cuando se hubieron saciado, dijo a sus discípulos: Recoged los pedazos que sobraron, para que no se pierda nada. Recogieron, pues, y llenaron doce cestas de pedazos, que de los cinco panes de cebada sobraron a los que habían comido.

—JUAN 6:11-13

Dios tiene poder para hacer mucho más de lo que le pedimos. ¡Ni siquiera podemos imaginar lo que Dios puede hacer para ayudarnos con su poder!

—EFESIOS 3:20, TLA

Usted no puede agotar la provisión divina

Miremos nuevamente el milagro que Jesús realizó al alimentar a 5000. Este es el único milagro realizado por Jesús que está registrado en los cuatro Evangelios. Esto nos dice que Jesús quiere que saquemos todas las revelaciones escondidas en este milagro. ¿Está listo?

Ahora bien, ¿se fijó cómo Juan registró que la gente comió "cuanto querían" hasta "que se hubieran SACIADO"? En otras palabras, ¡comieron y comieron hasta que no pudieron comer más! **Todos comieron a sus anchas** y todavía sobró una gran cantidad de comida, ¡doce canastas llenas para ser exactos!

La provisión de Dios siempre sobrepasará su demanda. Él es un Dios tan GRANDE que no hay nada que no pueda hacer. Amigo mío, no mire al mundo para satisfacer su necesidad. No toque préstamos fáciles con intereses exorbitantes escondidos en la letra pequeña, que lo atraparán en un ciclo financiero minado de deudas. ¡Mire a Jesús, sus caminos y su provisión que nunca falla!

Y Eliseo le dijo: ¿Qué te haré yo? Declárame qué tienes en casa. Y
ella dijo: Tu sierva ninguna cosa tiene en casa, sino una vasija de
aceite. Él le dijo: Ve y pide para ti vasijas prestadas de todos tus
vecinos, vasijas vacías, no pocas. Entra luego, y enciérrate tú y tus
hijos; y echa en todas las vasijas, y cuando una esté llena, ponla
aparte. Y se fue la mujer, y cerró la puerta encerrándose ella y sus
hijos; y ellos le traían las vasijas, y ella echaba del aceite. Cuando
las vasijas estuvieron llenas, dijo a un hijo suyo: Tráeme aún otras
vasijas. Y él dijo: No hay más vasijas. Entonces cesó el aceite. Vino
ella luego, y lo contó al varón de Dios, el cual dijo: Ve y vende el
aceite, y paga a tus acreedores; y tú y tus hijos vivid de lo que quede.
—2 Reyes 4:2-7

Elimine sus deudas primero

Eliseo le dijo a una viuda pobre que buscara tantas vasijas
vacías como pudiera y derramara su última jarra de aceite en
estas vasijas. Ella hizo como se le ordenó y milagrosamente, el
aceite siguió fluyendo. Solamente se detuvo cuando se le aca-
baron las vasijas. Eliseo, entonces, le dijo que vendiera el aceite,
pagara sus deudas y que viviera prudentemente con el excedente.

Amigo mío, quiero que vea dos cosas importantes aquí. Primeramente, la provisión **solo se detuvo cuando la demanda de
la provisión de Dios cesó**. Quiero animarlo a que nunca cese
en su búsqueda de la provisión de Dios.

En segundo lugar, si usted tiene deudas, su prioridad debe ser
cancelarlas; Eliseo le dijo a la viuda: "Vende el aceite y **paga tus
deudas**". Cuando haya terminado de pagar sus deudas, aprenda
a vivir con lo que tiene. Preste atención a la sabiduría de Dios
sin la cual usted no será capaz de *retener* la provisión de Dios.

La provisión de Dios es
INAGOTABLE.

Búsquelo a Él
para que le *provea*.

Luego le ordenó: —Abre la ventana que da al oriente.
Él la abrió, y Eliseo le dijo:
—¡Dispara! Así que el rey disparó una flecha y Eliseo proclamó:
—Esta es la flecha del Señor, una flecha de victoria sobre Aram,
porque tú conquistarás por completo a los arameos en Afec.
Luego Eliseo dijo: —Ahora levanta las demás flechas y
golpéalas contra el piso. Entonces el rey las tomó y golpeó
el piso tres veces; pero el hombre de Dios se enojó con él y
exclamó: —¡Tendrías que haber golpeado el piso cinco o
seis veces! Así habrías vencido a Aram hasta destruirlo por
completo. Ahora saldrás vencedor solamente tres veces.
—2 REYES 13:17-19, NTV

La victoria completa es suya

Dios estaba dispuesto a darle completa victoria. Todo lo que tenía que hacer era ser audaz para reclamarla y tomarla. Usted podría pensar que es algo fácil de hacer, ¿verdad?

Sin embargo, el rey Joás no fue tan atrevido. Cuando el profeta Eliseo le dijo que Dios le daba victoria sobre los arameos y le dijo que golpeara algunas flechas contra el piso para representar el alcance de su victoria, el rey Joás golpeó las flechas solo tres veces cuando podría haberlo hecho por lo menos el doble. Lamentablemente, esto significó que en lugar de destruir completamente a los arameos, el rey Joás solo disfrutara de tres victorias sobre ellos.

Amado, Dios está más que dispuesto a darle completa victoria en cada área donde hoy afronta un reto. Cristo aseguró para usted la provisión de todo cuanto necesita para su vida, no debe conformarse con una sanidad parcial o esperar su ayuda y sabiduría solo para los problemas "grandes". ¡Manténgase firme en su fe hasta que vea *la completa victoria* sobre todas sus dificultades!

Uno de sus discípulos, Andrés, hermano de Simón Pedro, le dijo: Aquí está un muchacho, que tiene cinco panes de cebada y dos pececillos; mas ¿qué es esto para tantos?

—JUAN 6:8-9

No menosprecien estos modestos comienzos, pues el Señor se alegrará cuando vea que el trabajo se inicia y que la plomada está en las manos de Zorobabel.

—ZACARÍAS 4:10, NTV

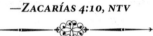

Pero Dios escogió lo insensato del mundo para avergonzar a los sabios, y escogió lo débil del mundo para avergonzar a los poderosos. También escogió Dios lo más bajo y despreciado... para anular lo que es, a fin de que en su presencia nadie pueda jactarse.

—1 CORINTIOS 1:27-29, NVI

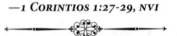

La mano de los diligentes gobernará, pero la indolencia será sujeta a trabajos forzados.

—PROVERBIOS 12:24, LBLA

No desprecie los comienzos humildes

Es interesante ver que Dios nunca desprecia las cosas pequeñas.

Cuando el niño trajo sus cinco panes y sus dos peces, Andrés uno de los discípulos, se burló. Condescendientemente acarició al niño en la cabeza y le dijo a Jesús: "¿Qué es esto para tantos?". Sin embargo, Dios no tomó en poco el pequeño almuerzo del niño.

Amigo mío, no desprecie las cosas pequeñas que tiene. Véalas como sus propios cinco panes y dos peces, aunque la gente que lo rodea se burle o lo empequeñezca. Aprenda a ignorar a gente así y deposite eso pequeño ante Jesús. Aunque usted y yo no tengamos poder para multiplicarlo, ¡Jesús seguramente lo tiene!

Por lo tanto, cualquier cosa que esté construyendo en su carrera, su ministerio o su empresa, no desprecie el día de los comienzos pequeños, humildes y aparentemente insignificantes. Haga partícipe a Jesús y permita que su provisión de favor, sabiduría y poder, multiplique y haga crecer las cosas pequeñas que usted tenga entre manos.

Aconteció que yendo de camino, entró en una aldea; y una mujer llamada Marta le recibió en su casa. Esta tenía una hermana que se llamaba María, la cual, sentándose a los pies de Jesús, oía su palabra. Pero Marta se preocupaba con muchos quehaceres, y acercándose, dijo: Señor, ¿no te da cuidado que mi hermana me deje servir sola? Dile, pues, que me ayude. Respondiendo Jesús, le dijo: Marta, Marta, afanada y turbada estás con muchas cosas. Pero solo una cosa es necesaria; y María ha escogido la buena parte, la cual no le será quitada.
—LUCAS 10:38-42

Jesús les respondió: —Yo soy el pan de vida. El que viene a mí nunca volverá a tener hambre; el que cree en mí no tendrá sed jamás.
—JUAN 6:35, NTV

Tome de Él

Marta estaba ocupada **sirviendo** a Jesús mientras su hermana, María, sentada a sus pies, **absorbía** sus palabras de vida. A Marta no le gustaba que María no la estuviera ayudando, así que se quejó a Jesús. ¿A quién crees que defendió Jesús? ¡A María!

Amigo mío, algunos creyentes opinan que es mejor dar que recibir. Eso es cierto en relación con la *gente*. Pero en nuestra relación con el *Señor* ¡es mejor RECIBIR de Él que tratar de darle! Jesús se describió a sí mismo como el "pan de vida" diciéndonos en esencia que desea que tomemos de Él y que recibamos de Él todo el sustento, la fortaleza, la sanidad, la provisión y la vida abundante que podamos tomar.

Nuestro Señor disfruta cuando tomamos de Él. Es por esto que María complació al Señor. Amado, lo animo a ser hoy como María. ¡Nuestro amado Padre celestial disfruta cuando tomamos de su infinita reserva de fortaleza, sabiduría, favor, paz y vida!

...y vosotros estáis completos en él, que es la
cabeza de todo principado y potestad.
—**COLOSENSES 2:10**

...a quienes Dios quiso dar a conocer las riquezas de la gloria de este
misterio entre los gentiles;
que es Cristo en vosotros, la esperanza de gloria.
—**COLOSENSES 1:27**

Deléitate asimismo en Jehová, Y él te concederá
las peticiones de tu corazón.
—**SALMO 37:4**

Encuentre su completitud en Cristo

Muchas personas hoy tienen deudas financieras porque en lugar de encontrar su seguridad, identidad y estima en Cristo y solo en Cristo, andan tratando de encontrarlas en las cosas materiales. Así, ¡terminan comprando cosas que no necesitan para impresionar a gente que en realidad no les importa!

Esta forma de pensar tan errónea lleva al hábito destructivo de gastar más de lo que se puede, haciendo solo pagos parciales en las facturas mensuales de tarjetas de crédito y extendiéndose demasiado con hipotecas que no pueden costear y préstamos de carros que no pueden pagar. Luego, terminan preguntándole a Dios por qué no tienen provisión para sus deudas.

Amado, estar atrapado en este destructivo hábito y ciclo de deudas no es lo que Dios desea para sus preciados hijos. Entendamos que tener *más cosas* no nos completa. Solo Jesús puede llenar ese vacío. Encuentre su completitud y seguridad en Cristo. Usted tiene un tesoro, uno más preciado de lo que el dinero puede comprar. ¡Ancle su seguridad e identidad en Jesús!

... el que toma prestado es siervo del que presta.
—Proverbios 22:7

No debáis a nadie nada,
sino el amaros unos a otros...
—Romanos 13:8

Te abrirá Jehová su buen tesoro, el cielo,
para enviar la lluvia a tu tierra en su tiempo,
y para bendecir toda obra de tus manos.
Y prestarás a muchas naciones,
y tú no pedirás prestado.
—Deuteronomio 28:12

Los planes bien pensados
y el arduo trabajo llevan a la prosperidad,
pero los atajos tomados a la carrera conducen a la pobreza.
—Proverbios 21:5, NTV

Mi Dios, pues, suplirá todo lo que os falta conforme
a sus riquezas en gloria en Cristo Jesús.
—Filipenses 4:19

Bendecidos para ser dadores

Dios lo bendice y provee abundantemente para usted y su familia de modo que pueda encontrarse siempre en una posición de dar y ser de bendición.

Él desea que usted sea un prestador, en lugar de un prestatario que está constantemente luchando para pagar sus deudas, para que pueda ser una bendición para muchos.

Amigo mío, continúe buscando la obra completa de Dios, la cual provee para todas sus necesidades. No sucumba a la tentación de pedir prestado imprudentemente. No tome préstamos fáciles que ponen a su disposición miles de dólares (que no son suyos) para gastar y más tarde tiene que luchar para pagar sus altos intereses. Esto le robará la paz, la salud y afectará sus relaciones familiares.

Amado, sea sabio. Busque a Jesús como su proveedor y por su gracia sea diligente en todo lo que hace. ¡Usted será tan bendecido que no podrá hacer otra cosa que bendecir a otros!

Jabes fue más importante que sus hermanos. Cuando su madre le puso ese nombre, dijo: «Con aflicción lo he dado a luz». Jabes le rogó al Dios de Israel: «Bendíceme y ensancha mi territorio; ayúdame y líbrame del mal, para que no padezca aflicción.» Y Dios le concedió su petición.

—1 CRÓNICAS 4:9-10, NVI

Acerquémonos, pues, confiadamente al trono de la gracia, para alcanzar misericordia y hallar gracia para el oportuno socorro.

—HEBREOS 4:16

Y si alguno de vosotros tiene falta de sabiduría, pídala a Dios, el cual da a todos abundantemente y sin reproche, y le será dada.

—SANTIAGO 1:5

¡Ore la oración de Jabes!

Había una vez un niño llamado Dolor. Su madre le dio ese nombre porque lo dio a luz con dolor. Imagínese el cuadro con un nombre así, es muy probable que a nadie le cayera bien.

Así que, ¿sabe lo que hizo Dolor, mejor conocido como Jabes en el Antiguo Testamento? ¡Clamó al Dios de Israel para que lo BENDIJERA! "**Bendíceme** y **ensancha** mi territorio…". Eso es pedirle a Dios provisión e incremento. También clamó para que la mano de Dios estuviese con él de modo que pudiese ser bendecido en todo lo que hiciese y fuese protegido del mal. Dios no solo le concedió su petición, sino que consideró a Jabes más **honorable** que sus hermanos.

Hoy, haga lo honorable: pídale al Señor que incremente y ensanche el favor, sabiduría, habilidades y oportunidades de crecimiento que actualmente tiene *hasta un nuevo nivel*. Pídale sabiduría divina que lo proteja de tomar decisiones imprudentes que puedan guiarlo a consecuencias dolorosas.

Jesús se *complace*
cuando usted

DEPENDE

de ÉL y

TOMA de ÉL

todo lo que necesita.

Con el hombre, es más
bendición ***dar***.

Con DIOS, es más
bendición ***recibir***.

Jesús le dijo: ...Sin embargo, para no ofenderles, ve al mar, y echa el anzuelo, y el primer pez que saques, tómalo, y al abrirle la boca, hallarás un estatero; tómalo, y dáselo por mí y por ti.

—**MATEO 17:26-27**

... Jesús envió dos discípulos, diciéndoles: Id a la aldea que está enfrente de vosotros, y luego hallaréis una asna atada, y un pollino con ella; desatadla, y traédmelos. Y si alguien os dijere algo, decid: El Señor los necesita; y luego los enviará.

—**MATEO 21:1-3**

Y envió dos de sus discípulos, y les dijo: Id a la ciudad, y os saldrá al encuentro un hombre que lleva un cántaro de agua; seguidle, y donde entrare, decid al señor de la casa: El Maestro dice: ¿Dónde está el aposento donde he de comer la pascua con mis discípulos? Y él os mostrará un gran aposento alto ya dispuesto; preparad para nosotros allí.

—**MARCOS 14:13-15**

El lugar correcto en el momento correcto

Cualquier cosa que usted necesite, Jesús sabe *donde* puede encontrarla y de *quien* conseguirla. Jesús puede ubicarlo en el lugar correcto en el momento correcto. Cuando Pedro deseaba pagar el impuesto del templo, Jesús le dijo que lo tomara del primer pez que pescara en el mar. Luego, cuando Jesús necesitaba un burro para entrar a Jerusalén, les dijo a dos de sus discípulos en qué aldea encontrarlo. Cuando Jesús necesitó un lugar para comer la Pascua con sus discípulos, les dio instrucciones específicas a dos de ellos sobre a quién ir y seguir y qué decirle al señor de la casa, ¡quien ya había amueblado y preparado un gran cenáculo!

Amigo mío, ¿no es maravilloso saber que Jesús sabe lo que usted necesita y se ha adelantado al futuro para preparar provisión para su éxito? A medida que usted le crea y descanse confiadamente en su amor, su paz lo guiará para hacer lo correcto, en el momento correcto, en el lugar correcto.

Y haré de ti una nación grande, y te bendeciré,
y engrandeceré tu nombre, y serás bendición.

—**GÉNESIS 12:2**

Cada uno dé como propuso en su corazón: no con tristeza,
ni por necesidad, porque Dios ama al dador alegre.
Y poderoso es Dios para hacer que abunde en vosotros toda
gracia, a fin de que, teniendo siempre en todas las cosas
todo lo suficiente, abundéis para toda buena obra.

—**2 CORINTIOS 9:7-8**

...diciendo: De cierto te bendeciré con abundancia
y te multiplicaré grandemente.

—**HEBREOS 6:14**

Bendecido para ser bendición

Escuche las palabras que Dios pronunció sobre Abraham:
"Y te bendeciré, y engrandeceré tu nombre, y serás bendición".

Amigo mío, créale a Dios y camine más y más en la plenitud de la bendición de Abraham. Tome la revelación de que Él lo bendice porque lo ama y le otorga el privilegio de ser una extensión práctica de su amor para su comunidad, su nación y más allá.

La provisión financiera de Dios tiene un propósito divino. No utilice a la gente y ame el dinero. Más bien, ¡utilice el dinero para amar a la gente! En lo referente a nuestra relación con las personas, siempre es más bendecido dar que recibir. Tenga ojo y corazón abundantes, mire a su alrededor si hay personas con necesidades y bendígalas. ¡Deje que su luz brille delante de todos los hombres para la gloria del nombre de Jesucristo!

Hoy, vea su gracia abundando para usted y su familia, ¡de modo que tendrá abundancia para toda buena obra!

CAPÍTULO 3

Reciba con valentía y reine

En quien tenemos redención por su sangre, el perdón
de pecados según las riquezas de su gracia.

—**EFESIOS 1:7**

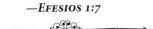

El cual nos ha librado de la potestad de las tinieblas, y
trasladado al reino de su amado Hijo, en quien tenemos
redención por su sangre, el perdón de pecados.

—**COLOSENSES 1:13-14**

Y a vosotros, estando muertos en pecados y en la
incircuncisión de vuestra carne, os dio vida juntamente
con él, perdonándoos todos los pecados.

—**COLOSENSES 2:13**

Jesús, nuestra mayor provisión

Mientras meditamos en las promesas de provisión que nuestro Padre celestial ha dejado para nosotros en su Palabra, tomemos un momento para meditar en la obra finalizada de Jesús.

En la cruz, Jesús se entregó por completo e hizo provisión para el perdón de nuestros pecados, lo cual nadie más podía hacer. Escogió entregar su vida a cambio de la nuestra. ¡Todos nuestros pecados, faltas y errores han sido lavados para siempre por la preciosa sangre derramada en el Calvario! Verdaderamente, en Cristo tenemos redención por medio de su sangre, el perdón de pecados "**según las riquezas de su gracia**".

Amigo mío, la gracia de Dios hacia usted es abundante y rica. Hoy, reciba su gracia, su perdón, su amor y su misericordia de una manera fresca y poderosa. No son los bienes materiales los que nos hacen ricos. ¡Tener a Jesús es su mayor riqueza!

*El siguiente día vio Juan a Jesús que venía a él, y dijo: He
aquí el Cordero de Dios, que quita el pecado del mundo.*
—**JUAN 1:29**

*Con su propia sangre —no con la sangre de cabras ni de
becerros— entró en el Lugar Santísimo una sola vez y
para siempre, y aseguró nuestra redención eterna.*
—**HEBREOS 9:12, NTV**

*Mi Dios, pues, suplirá todo lo que os falta conforme
a sus riquezas en gloria en Cristo Jesús.*
—**FILIPENSES 4:19**

Reciba una provisión diaria de perdón

Muchos piensan que el perdón es una enseñanza básica, algo
que se aprende cuando uno es un nuevo creyente y luego usted
se mueve a una verdad más "compleja" en la Palabra de Dios.

Amigo mío, me atrevo a decirle que no hay nada de básico
en tener una revelación profunda y permanente sobre el perdón. De hecho, creo que si usted desea vivir la vida de Cristo y
caminar en la llenura de su provisión divina, necesita meditar
a diario en su perdón. Personalmente, eso es lo que trato de
hacer cada día cuando participo de la Santa Comunión en la
privacidad de mi estudio.

Tomo el pan en mi mano y agradezco a Jesús por la provisión
de salud, sanidad e integridad que me da. Luego, levanto la copa
y agradezco a mi Salvador por la provisión de su sangre, ¡la cual
me limpia hasta hacerme más blanco que la nieve y me hace
justo! ¡Amado, mire a la cruz y vea cómo Él ha hecho posible
la provisión para cada cosa que usted necesite!

*Os escribo a vosotros, hijitos, porque vuestros pecados
os han sido perdonados por su nombre.*
—1 JUAN 2:12

*Porque seré propicio a sus injusticias, y nunca más me
acordaré de sus pecados y de sus iniquidades.*
—HEBREOS 8:12

...añade: Y nunca más me acordaré de sus pecados y transgresiones.
—HEBREOS 10:17

Dios no recuerda sus pecados

Amigo mío, ¿cree usted que Dios no recuerda sus pecados? Esta es una verdad que a nuestra finita mente humana le cuesta comprender.

¿Cómo puede un Dios omnipresente, omnisciente y omnipotente no recordar nuestros pecados? Un Dios todopoderoso, que lo sabe todo, que está en todo lugar, debería ser capaz de recordar cada detalle de cada uno de los pecados que hemos cometido. Pero eso no es lo que dice la Palabra de Dios. Dios declara: "Porque seré propicio a sus injusticias, y **nunca más me acordaré** de sus pecados y de sus iniquidades". Yo creo que hay muchos creyentes que temen acercarse a Dios y recibir lo que necesitan de Él porque no pueden creer que realmente se haya olvidado de sus pecados.

Amigo mío, simplemente crea la Palabra de Dios, que a través del sacrificio de Jesús, Dios no recuerda sus pecados nunca más. Comience a vivir sin la nube de culpa, de vergüenza, de condenación y de juicio sobre su cabeza. ¡Párese firme y justificado en Cristo y espere recibir lo mejor de Él!

En el camino de
su bendición **NO** se
interpone ningún pecado
del cual JESÚS
no pueda hacerse cargo.

"Yo nunca, de
NINGUNA
MANERA, RECORDARÉ
tus pecados".

—Dios

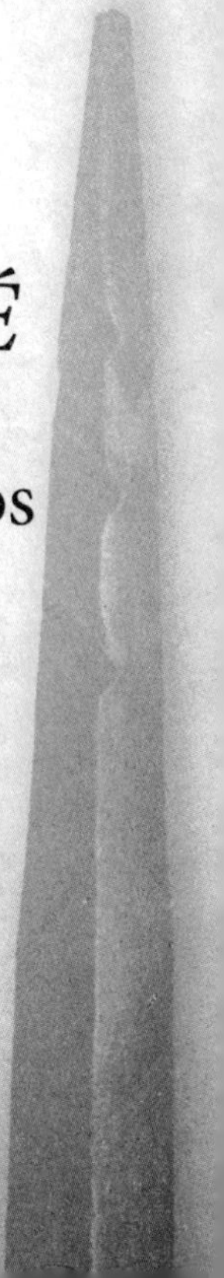

*Al que no conoció pecado, por nosotros lo hizo pecado,
para que nosotros fuésemos hechos justicia de Dios en él.*
—2 CORINTIOS 5:21

*Porque los ojos del Señor están sobre los justos,
y sus oídos atentos a sus oraciones...*
—1 PEDRO 3:12

Jehová ... oye la oración de los justos.
—PROVERBIOS 15:29

*Claman los justos, y Jehová oye,
y los libra de todas sus angustias.*
—SALMO 34:17

*... La oración ferviente de una persona justa tiene
mucho poder y da resultados maravillosos.*
—SANTIAGO 5:16, NTV

Sus oraciones producen resultados maravillosos

Cuando Jesús fue crucificado, no solo lavó todos sus pecados con su preciosa sangre, sino que también le otorgó como regalo su JUSTICIA. ¿Sabía que usted nunca podrá perder esa justicia? Su justicia es un don de Jesús porque depende única y exclusivamente del desempeño *de Él* y *su* perfecta obediencia, no de los de usted.

Así que amigo, como usted es justo para siempre en Cristo, Dios *oye* sus oraciones cada vez que ora. El apóstol Santiago nos dice que la oración ferviente de una persona justa—USTED—, produce resultados maravillosos. ¡No solo meros resultados, sino resultados *maravillosos*!

¿Qué provisión necesita hoy? ¿Favor para una entrevista, sabiduría para saldar sus deudas, sanidad para sus hijos? Como hombre o mujer de Dios justos, pídale a Jesús audazmente lo que necesita.

Hay bendiciones sobre la cabeza del justo;
pero violencia cubrirá la boca de los impíos.
—**PROVERBIOS 10:6**

Lo que el impío teme, eso le vendrá;
pero a los justos les será dado lo que desean.
—**PROVERBIOS 10:24**

La esperanza de los justos es alegría...
—**PROVERBIOS 10:28**

En la casa del justo hay gran provisión....
—**PROVERBIOS 15:6**

Porque tú, oh Jehová, bendecirás al justo;
como con un escudo lo rodearás de tu favor.
—**SALMO 5:12**

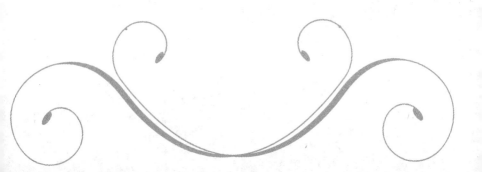

Dios lo bendice a usted, el justo

Dondequiera que encuentre en la Biblia una promesa o bendición para un justo, agárresela diciendo: "¡Padre, recibo esta bendición en el nombre de Jesús!".

Permítame enseñarle cómo practicar esto. Cuando lee en Proverbios 10:6 que las bendiciones están sobre la cabeza del justo, diga: "¡Gracias Padre, esta promesa es para MÍ porque he sido hecho JUSTO por medio de la fe en Jesús y su obra consumada!".

Por lo tanto, cada día, en lugar de temer que la escasez lo devore, confíe en que la provisión y la bendición de Dios lo seguirán y lo rodearán. Espere que le sucedan cosas buenas. Diga: "¡Gracias, Padre, porque tus bendiciones coronan mi cabeza. Tus abundantes provisiones están sobre mi y sobre mi casa!".

Amado, cuanto más crea y declare palabras de abundancia, provisión e incremento, ¡más experimentará la plenitud de las bendiciones del justo!

Pues si por la transgresión de uno solo reinó la muerte, mucho más reinarán en vida por uno solo, Jesucristo, los que reciben la abundancia de la gracia y del don de la justicia.

—ROMANOS 5:17

El ladrón no viene sino para hurtar y matar y destruir; yo he venido para que tengan vida, y para que la tengan en abundancia.

—JUAN 10:10

Amado, yo deseo que tú seas prosperado en todas las cosas, y que tengas salud, así como prospera tu alma.

—3 JUAN 1:2

¡El justo reinará!

La Palabra de Dios declara que los que han recibido abundancia de gracia y el don de la justicia, reinarán en vida. Amado, ¡es evidente que su Padre celestial desea verlo reinar en vida!

Usted no está reinando cuando se encuentra acribillado por deudas de tarjetas de crédito, sufriendo escasez o luchando para proveer para su familia. Si es allí donde se encuentra hoy, ¡no se rinda! ¡Mire a Jesús y comience a recibir, activa y diariamente, la abundancia de gracia y el don de la justicia!

Su gracia le dará la sabiduría y la fortaleza para cambiar sus hábitos de consumo y tomar buenas decisiones para salir de deudas. Su gracia le abrirá puertas de favor para nuevas oportunidades de empleo y proveerá formas para que usted mejore y desarrolle los dones y talentos que Él ha puesto en usted, para asegurarle un mejor empleo en el futuro. Amado, ¡crea que usted ha sido destinado para reinar sobre todas sus deudas y la escasez financiera!

Usted ha sido
destinado para reinar
sobre **todas** sus deudas y
escasez financiera.

No se concentre en
lo que le falta,

concéntrese en la provisión
ABUNDANTE de *Dios*
y *espere experimentarla.*

Pero ahora, aparte de la ley, se ha manifestado la justicia de Dios... la justicia de Dios por medio de la fe en Jesucristo, para todos los que creen en él... siendo justificados gratuitamente por su gracia, mediante la redención que es en Cristo Jesús.

—**ROMANOS 3:21-24**

Pues si por la transgresión de un solo hombre reinó la muerte, con mayor razón los que reciben en abundancia la gracia y el don de la justicia reinarán en vida por medio de un solo hombre, Jesucristo.

—**ROMANOS 5:17, NVI**

...de gracia recibisteis...

—**MATEO 10:8**

Y si por gracia, ya no es por obras; de otra manera la gracia ya no es gracia. Y si por obras, ya no es gracia; de otra manera la obra ya no es obra.

—**ROMANOS 11:6**

El vasto océano de su abundante provisión

En Romanos 5:17, Pablo nos da la clave para reinar en vida. Esta se encuentra en RECIBIR la gracia abundante de Dios y su don de justicia.

Algo sucede cuando usted recibe la abundancia de la gracia de Dios, deja de depender de sus propias fuerzas y descansa completamente en **su gracia**. En el momento en que se rinde y dice: "Señor, yo no puedo pero tú puedes. Hoy descanso en tu favor inmerecido", cualquier demanda que esté sobre usted desaparece en el vasto océano de su abundante provisión.

Muchas veces, cuando conduzco la iglesia el domingo por la mañana, siento la demanda de predicar un buen sermón. La demanda es real: más de 20 000 personas llegan a mi congregación esperando ser bien alimentadas. Es ahí cuando me dirijo a Jesús y recibo su abundancia de gracia. Le digo: "¡Señor, hoy eres mi orador invitado! Descanso en ti. Habla tú. Aliméntalos. Provéeles. Toma el control y yo te veré en acción". En el momento en que se lo entrego, su gracia y su provisión entran. ¡Aleluya!

A estas personas no las vencerá el mal; a los rectos se les recordará por mucho tiempo. Ellos no tienen miedo de malas noticias; confían plenamente en que el Señor los cuidará. Tienen confianza y viven sin temor, y pueden enfrentar triunfantes a sus enemigos.
—**SALMO 112:6-8, NTV**

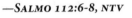

El que no escatimó ni a su propio Hijo, sino que lo entregó por todos nosotros, ¿cómo no nos dará también con él todas las cosas?
—**ROMANOS 8:32**

Es, pues, la fe la certeza de lo que se espera, la convicción de lo que no se ve.
—**HEBREOS 11:1**

… como creíste, te sea hecho…
—**MATEO 8:13**

Comience el día esperando cosas buenas

Levántese cada mañana esperando lo mejor. Mantenga su mente y pensamientos positivos, llenos de gozo, llenos de esperanza y anticipando todas las buenas cosas que Dios tiene guardadas para usted, ¡su amado!

Salte de la cama, párese frente al espejo y declare con firmeza: "Yo soy el discípulo amado de Jesús. Soy la niña de sus ojos. Todo lo que haga y toque será bendito. La sabiduría, el favor y la provisión del Señor fluyen poderosamente en y a través de mí. ¡Amén!".

Cuando usted hace esto, accede a la abundante provisión del Señor para usted y toda la ansiedad, las preocupaciones y las emociones negativas, se disipan.

Probablemente hoy usted tiene que hacer una importante presentación a su mayor cliente o ir a la entrevista final para el trabajo que realmente desea. Quizá está muy lejos de completar un importante proyecto en su trabajo. Sea cual sea la demanda que hay sobre usted, comience su día esperando cosas buenas ¡y verá fluir la provisión de Dios!

*R*einar en la vida
no se *logra*
por el esfuerzo propio,
sino por gracia
MEDIANTE la fe.

La gracia transforma

Recibí una carta de una joven de Virginia, Estados Unidos y deseo compartir su poderoso testimonio con usted según sus propias palabras:

> *En la universidad, comencé a librar una ardua batalla perdida contra la depresión... Las cosas estaban tan mal que ni siquiera podía levantarme por la mañana porque mi mente estaba muy atormentada. La terapia y la medicación no me ayudaron a luchar con esta dolorosa pesadilla durante siete largos años. Entonces, mi madre me dio su libro, Destinados para reinar. Cuando comencé a aceptar el amor de Dios por mí y confiar en Jesús y su obra consumada, ¡fui total y milagrosamente sanada! Después de leer el libro, todos los días, decía: "Señor, ni siquiera voy a intentarlo hoy. Vive tú la vida victoriosa por mí. No puedo superar estos pensamientos por mi cuenta, pero puedo descansar en ti". ¡Ahora vivo una vida de alegría y paz que nunca imaginé que fuera posible!*

Amado, ¿con qué está batallando hoy? Entrégueselo al Señor y permita que su provisión de gracia fluya hacia el área donde la necesita. Solo su gracia puede transformarlo de adentro hacia afuera y llevarlo a vivir una vida victoriosa.

Entonces Jacob se quedó solo en el campamento,
y llegó un hombre y luchó con él hasta el amanecer...
tocó la cadera de Jacob y la dislocó...
Tu nombre ya no será Jacob —le dijo el hombre—.
De ahora en adelante, serás llamado Israel...
Entonces bendijo a Jacob allí.
—GÉNESIS 32:24-29, NTV

—Hermano mío, yo tengo más que suficiente —dijo Esaú—.
Guarda para ti lo que tienes.
—No —insistió Jacob—, si he logrado tu favor,
te ruego que aceptes este regalo de mi parte...
porque Dios ha sido muy generoso conmigo.
Yo tengo más que suficiente...
—GÉNESIS 33:9-11, NTV

La gracia fluye cuando usted deja de luchar

Muchas personas se hubiesen dado por vencidas con Jacob, el intrigante engañador y manipulador. Pero no Dios.

Una noche, mientras intentaba apaciguar al hermano a quien le había robado, Jacob encontró al Señor. Se aferró del Señor y durante horas luchó con Él para tratar de sacarle una bendición. ¿Qué hizo el Señor? Tocó la cadera de Jacob y la dislocó de modo que Jacob terminó impotente ante Él.

El Señor cambió a Jacob esa noche. Le enseñó a Jacob que solo cuando dejara de luchar, su gracia podría fluir. Esa noche Dios cambió el nombre de Jacob de "engañador" a "príncipe" (Israel), y le añadió bendiciones que iban más allá de su esfuerzo propio.

Como ve, no podemos tratar de luchar por las bendiciones de Dios. Es cuando dejamos la manipulación y el engaño para salir adelante en la vida y confiamos completamente solamente en su gracia, que su provisión fluye sin cesar.

Ahora, pues, ninguna condenación hay para
los que están en Cristo Jesús...
—**ROMANOS 8:1**

¿No te das cuenta de lo bondadoso, tolerante y paciente que es Dios
contigo? ¿Acaso eso no significa nada para ti? ¿No ves que la bondad
de Dios es para guiarte a que te arrepientas y abandones tu pecado?
—**ROMANOS 2:4, NTV**

Velad debidamente, y no pequéis...
—**1 CORINTIOS 15:34**

Porque el pecado no se enseñoreará de vosotros;
pues no estáis bajo la ley, sino bajo la gracia.
—**ROMANOS 6:14**

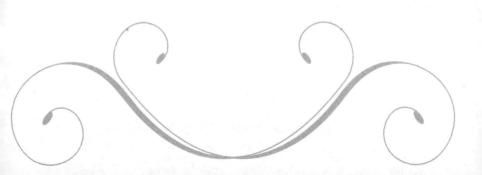

*L*ibérese mediante la revelación de su justicia

Doy gracias al Señor por todos los testimonios que he recibido de vidas preciosas tocadas por Jesús. Este es un hermano de Australia, que me escribió para compartirme cómo había sido liberado de múltiples adicciones cuando comenzó a escuchar y recibir la revelación de su justicia en Cristo.

Acabo de dejar de fumar haciendo lo que usted enseña en sus libros y DVD —tomando conciencia y confesando mi justicia en Cristo—, cada vez que me sentía tentado a fumar. También he sido liberado de 20 años de abuso de drogas y alcohol y de pensamientos paranoicos. No podría haberlo dejado por mis propias fuerzas, pero por Cristo lo he logrado. ¡Alabado sea Jesús por su maravillosa gracia!

Amigo mío, la provisión de Dios cubre todos los aspectos de la vida, incluyendo la liberación de adicciones de larga data. Cuando usted reciba constantemente de Dios regalos de abundante gracia, justicia y no condenación en Cristo, ¡*caminará* en su poder para reinar sobre toda adicción o situación que lo haya mantenido cautivo hasta ahora!

El justo se ve coronado de bendiciones…
—PROVERBIOS 10:6, NVI

*En gran manera me gozaré en Jehová, mi alma se
alegrará en mi Dios; porque me vistió con vestiduras
de salvación, me rodeó de manto de justicia…*
—ISAÍAS 61:10

*Con justicia serás adornada; estarás lejos de opresión, porque
no temerás, y de temor, porque no se acercará a ti… Ninguna
arma forjada contra ti prosperará, y condenarás toda lengua
que se levante contra ti en juicio. Esta es la herencia de los
siervos de Jehová, y su salvación de mí vendrá, dijo Jehová.*
—ISAÍAS 54:14, 17

Una robusta revelación de su justicia

Realmente deseo que usted reine en todas las áreas de su vida recibiendo una robusta revelación de que es justo en Cristo. Usted crece en esta revelación cuanto más escucha sobre lo que Jesús conquistó para usted en la cruz.

La Biblia nos dice que las bendiciones coronan la cabeza de los justos. Por lo tanto, cuanto mayor sea la revelación de su justicia en Cristo y cuanto más se afirme usted en ella, más verá manifestarse en su vida las bendiciones de Dios.

Permítame ponerlo de otra forma: Vea el manto de justicia con el que Dios lo ha vestido con bolsillos etiquetados que dicen: "favor", "sanidad", "liberación", "provisión", "sabiduría", "bendiciones familiares", etcétera. Cuanto más consciente se encuentre de que este manto está sobre usted, más disfrutará los regalos que vienen con él y podrá experimentar una vida llena de propósito y satisfactoria: una vida en la que usted tiene más que suficiente para también bendecir a otros.

Cuanto más
crea
que ha sido
justificado
en Cristo...

...más experimentará
las **bendiciones**
de la justicia.

No os afanéis, pues, diciendo: ¿Qué comeremos, o qué beberemos,
o qué vestiremos? Porque los gentiles buscan todas estas
cosas; pero vuestro Padre celestial sabe que tenéis necesidad
de todas estas cosas. Mas buscad primeramente el reino de
Dios y su justicia, y todas estas cosas os serán añadidas.
—**MATEO 6:31-33**

Abominación es a Jehová el camino del impío;
mas él ama al que sigue justicia.
—**PROVERBIOS 15:9**

…Si Dios es por nosotros, ¿quién contra nosotros?
—**ROMANOS 8:31**

Buscad primeramente la justicia de Jesús

Lo animo a que cada día dedique un tiempo a buscar la revelación de su justicia en Cristo muy dentro de su espíritu. Medite
en ella y declárela cada día. Esto animará su corazón y traerá una
paz inquebrantable a su alma. Energizará su fe cuando ore y le
dará confianza para recibir cosas buenas de su Padre celestial.

Yo creo que es por eso que nuestro Padre celestial, cono-
ciendo las cosas que necesitamos cada día, nos dice que no nos
preocupemos por ellas. ¿Qué se espera que hagamos entonces?
Debemos buscar "primeramente su justicia"—la justicia que
Jesús nos ha dado—, y todas las cosas que necesitamos nos
serán añadidas.

Amado, cuando usted sabe que su posición ante Dios siempre
lo pone a Él de su lado, todos los miedos se desvanecen como
la mantequilla en un día caluroso. Porque si Dios es por usted,
¿quién o qué podrá prevalecer contra usted?

...Y yo mismo recogeré el remanente de mis ovejas de todas las tierras adonde las eché, y las haré volver a sus moradas; y crecerán y se multiplicarán. Y pondré sobre ellas pastores que las apacienten; y no temerán más, ni se amedrentarán, ni serán menoscabadas, dice Jehová. He aquí que vienen días, dice Jehová, en que levantaré a David renuevo justo, y reinará como Rey, el cual será dichoso, y hará juicio y justicia en la tierra. En sus días será salvo Judá, e Israel habitará confiado; y este será su nombre con el cual le llamarán: JEHOVÁ, JUSTICIA NUESTRA.

—JEREMÍAS 23:3-6

El Señor es mi pastor, nada me falta.

—SALMO 23:1, NVI

Jehová, justicia nuestra

No hay nada más tierno que la imagen de un pastor cuidando con amor de su oveja.

Jeremías 23:3-4 muestra como es el corazón de un buen pastor: junta, protege y alimenta a sus ovejas para que puedan "crecer y multiplicarse". Jesús, nuestro buen pastor, hace todo esto mediante los pastores (pastores y maestros) que ha designado sobre su pueblo. Su rol al representarlo no es pegar (avergonzar) a las ovejas o pelarlas (explotar financieramente), sino **alimentarlas** de modo tal que "no teman más, ni se amedrenten ni sean menoscabadas".

Ahora, ¿cual es ese "alimento" que trae a las ovejas a un lugar donde "no temerán más, ni se amedrentarán, ni serán menoscabadas"? Ese es "Jehová, justicia nuestra". Amado, cuanto más se alimente de enseñanzas que revelen a Jesús y el don de su justicia por fe en su obra consumada, más experimentará libertad del temor, la depresión y la carencia. Por lo tanto, siga ministerios que tienen un corazón como el de Jesús para sus ovejas, que proclaman eficazmente a *"Jehová, justicia nuestra"* y que revelan su abundancia de gracia ¡y experimentan su crecimiento y multiplicación!

El fruto del justo es árbol de vida…
—**PROVERBIOS 11:30**

Torre fuerte es el nombre de Jehová; a él
correrá el justo, y será levantado.
—**PROVERBIOS 18:10**

… Mas el justo está confiado como un león.
—**PROVERBIOS 28:1**

Dependa solamente de la gracia de Jesús

Una preciosa joven que estuvo escuchando mis sermones me escribió regocijándose por haber recibido un milagro por el cual había confiado en Dios. Ella me compartió:

Esta vez no fui a Dios con mis buenas obras y mi obediencia para tratar de ganar su bendición. Todo lo que hice fue creer y confesar cómo, a través de la obra consumada de Jesús en la cruz, tengo el favor inmerecido de Dios y su justicia. Y aunque fracasé en el examen y en una entrevista, por su favor pude ingresar a una prestigiosa universidad de Alemania con una beca completa. Dependiendo solo de la gracia de Jesús, recibí este avance. ¡Voy a creer y confesar su gracia y amor hacia mí por el resto de mi vida!

¿No es maravilloso que cuando dependemos solo de la gracia de Jesús, se nos abren puertas de oportunidad, éxito y provisión? Que este testimonio lo anime en cualquier cosa por la que usted esté confiando en Dios en este día.

Porque no por la ley fue dada a Abraham o a su descendencia la promesa de que sería heredero del mundo, sino por la justicia de la fe.

—ROMANOS 4:13

Y si vosotros sois de Cristo, ciertamente linaje de Abraham sois, y herederos según la promesa.

—GÁLATAS 3:29

La promesa se recibe por fe

En Romanos 4:13 es evidente que la promesa que Dios le hizo a Abraham de que sería heredero del mundo, no fue mediante la ley sino por **la justicia de la fe**.

Hoy, como pertenecemos a Jesús, somos semilla de Abraham y herederos de acuerdo a la promesa. Cuanto más creamos que somos justos en Cristo, más experimentaremos su provisión. Amigo mío, ser un heredero del mundo y caminar en las bendiciones de Abraham de salud, protección y provisión abundante viene por **fe**. Esto es creer que aunque no merecemos ninguna bendición de Dios, hemos sido hechos justos por el sacrificio y la obra consumada de su Hijo ¡y estamos calificados para recibir todas sus bendiciones!

En la cruz, Jesús tomó nuestros pecados y nos dio su justicia. Tomó nuestra pobreza y nos dio su abundancia. Tomó nuestra vergüenza y nos dio su victoria. ¡Crea hoy que ha sido hecho justo por la obra consumada de Jesús y comience a caminar en las bendiciones de Abraham!

Pero la justicia que es por la fe dice…
—ROMANOS 10:6

*Pero teniendo el mismo espíritu de fe, conforme a
lo que está escrito: Creí, por lo cual hablé, nosotros
también creemos, por lo cual también hablamos.*
—2 CORINTIOS 4:13

La muerte y la vida están en poder de la lengua…
—PROVERBIOS 18:21

*Regocíjate, oh estéril, la que no daba a luz;
levanta canción y da voces de júbilo…*
—ISAÍAS 54:1

Declare que usted es justo

Permítame compartirle algo formidable sobre su justicia. En Romanos 10:6 la Palabra de Dios nos dice que "la justicia que es por la fe dice".

Ahora, ¿qué significa esto? Esto significa que Dios nos anima no solo a creer en nuestro corazón que somos justos, sino también a declararlo.

Así que amigo justo, declare su justicia. Cada día, declare con firmeza: "Padre, gracias porque soy justo en Cristo, no por lo que yo haya hecho, sino por lo que Cristo hizo. Es un don y lo recibo con todo mi corazón".

Creo que cuando usted habla y declara su justicia, suceden cosas buenas. Usted se hace consciente de todas las bendiciones y todas las promesas que están disponibles para los justos. En lugar de descalificarse, usted comenzará a creerle a Dios que va a tener éxito, sabiduría y favor. Experimentar la provisión se convierte en algo fácil porque usted entiende su lugar en Cristo. Por lo tanto ¡deje de descalificarse y comience a declarar que es justo!

La justicia que es por la fe

habla.

Por lo tanto diga:
¡Soy justo en Cristo!

*El favor, la sabiduría,
el éxito y la
provisión de Dios
son míos ¡hoy!*

Así ha dicho Jehová: Maldito el varón que confía en el hombre,
y pone carne por su brazo, y su corazón se aparta de Jehová.
Será como la retama en el desierto, y no verá cuando viene el
bien, sino que morará en los sequedales en el desierto, en tierra
despoblada y deshabitada. Bendito el varón que confía en Jehová,
y cuya confianza es Jehová. Porque será como el árbol plantado
junto a las aguas, que junto a la corriente echará sus raíces, y
no verá cuando viene el calor, sino que su hoja estará verde; y
en el año de sequía no se fatigará, ni dejará de dar fruto.

—JEREMÍAS 17:5-8

Mejor es confiar en Jehová que confiar en el hombre.
Mejor es confiar en Jehová que confiar en príncipes.

—SALMO 118:8-9

¡Sea el hombre bendito descrito en la Biblia!

¿Quién no querría ser el varón bendito descrito en Jeremías 17?

Tanto en tiempos buenos como malos, el hombre bendito prospera y reina. Es como un árbol plantado junto a aguas con sus raíces extendidas por el río. Cuando el calor es fuerte—cuando se enciende la competencia o cuando hay una sequía financiera—, no teme ni se preocupa. Sus "hojas" estarán verdes: se mantendrá fresco y joven. Y continuará dando fruto, siempre triunfando y viendo los resultados esperados ya sea en su empresa, carrera, vida familiar o ministerio.

¿Cómo puede usted disfrutar las bendiciones del hombre bendito? No debe mirar a los hombres sino **solo a Jesús**. Mirar a Jesús significa meditar en su Palabra, su favor inmerecido y el don de su justicia. Comience a poner verdaderamente su confianza y esperanza en Jesús, y no en sus propias fuerzas o en otras personas. Luego, ¡prepárese para prosperar y fructificar abundantemente ya sea en tiempos buenos o en tiempos malos!

CAPÍTULO 4

*Cómo experimentar
la provisión de Dios*

Ciertamente el bien y la misericordia me
seguirán todos los días de mi vida...
—**Salmo 23:6**

Y cuando ha sacado fuera todas las propias, va
delante de ellas; y las ovejas le siguen...
—**Juan 10:4**

Yo soy el buen pastor; el buen pastor su vida da por las ovejas.
—**Juan 10:11**

Aclamad a Jehová, porque él es bueno;
Porque su misericordia es eterna.
—**1 Crónicas 16:34**

Siga al buen pastor

Un día, mientras estudiaba la Palabra, el Señor me dijo: "Observa cómo la bondad y la misericordia te siguen en el Salmo 23:6". Luego me llevó a Juan 10:4, donde describe como el pastor va delante de las ovejas y **las ovejas lo siguen**.

En un instante, el Señor abrió mis ojos para ver una secuencia divina: Cuando usted **lo sigue o lo busca a Él**, el buen pastor, su bondad y misericordia y todas las bendiciones que necesite en su vida ¡lo seguirán!

Amigo mío, no busque las bendiciones. Busque a Jesús, el bendecidor. Mientras lo sigue, no tiene que preocuparse por las bendiciones porque estas lo seguirán. De hecho, la versión hebrea del Salmo 23:6 es mucho más fuerte y agresiva. Esta dice literalmente: "Ciertamente el bien y la misericordia QUERRÁN DARME CAZA todos los días de mi vida".

Coronas el año con tus bondades, y tus sendas rezuman abundancia.
—*SALMO 65:11, BTX*

◆────•──❖──•────◆

Mis ovejas oyen mi voz, y yo las conozco, y me siguen.
—*JUAN 10:27*

◆────•──❖──•────◆

Antes bien, como está escrito: Cosas que ojo no vio, ni oído oyó, ni han subido en corazón de hombre, son las que Dios ha preparado para los que le aman.
—*1 CORINTIOS 2:9*

Pise donde pise Jesús

Independientemente de lo que los expertos digan sobre la actual situación económica, tengo buenas noticias para usted. Como hijo de Dios, este año sus bendiciones no dependen de los vaivenes del mercado de valores.

Usted puede esperar cosas buenas este año porque la Palabra de Dios lo declara: "Coronas el año con tus **bondades**, y tus sendas rezuman **abundancia**".

"Pastor Prince, la Palabra de Dios lo dice pero, ¿cómo puedo verlo yo?"

¡Tremenda pregunta! La clave para experimentar las bendiciones se encuentra en el Salmo 65:11: "**tus sendas** rezuman abundancia". Para poder ver sus sendas rezumando abundancia, usted debe **seguirlo** a Él, ¿cierto? Por lo tanto, para poder experimentar este año la bondad y abundancia del Señor, manténgase escuchándolo y asido de su gracia y su obra consumada. Es fácil seguir su dirección cuando usted está en sintonía con su gracia. ¡Y cuando pise donde Él pisa, irá corriendo directamente hacia las bendiciones que ya ha preparado para usted!

Usted no puede equivocarse
cuando

SIGUE
a JESÚS,

el buen pastor.

¡Sintonícese con su gracia y

permítale
dirigirlo hacia

*las bendiciones que Él
ha preparado para usted!*

Coronas el año con tus bondades,
y tus sendas rezuman abundancia.
—SALMO 65:11, BTX

…Escuchadme atentamente, y comed lo que es bueno, y se
deleitará vuestra alma en la abundancia. Inclinad vuestro
oído y venid a mí, escuchad y vivirá vuestra alma…
—ISAÍAS 55:2-3, LBLA

Así que la fe es por el oír, y el oír, por la palabra de Dios.
—ROMANOS 10:17

Escuche atentamente para andar en la abundancia de Dios

Como los caminos de Dios "rezuman" o rebosan de abundancia, seguir sus pisadas hará que usted camine en esa abundancia. Y para seguirlo lo único que tiene que hacer es escucharlo atentamente a Él.

Vea Isaías 55:2-3: "**Escuchadme atentamente**, y comed lo que es *bueno*, y se deleitará vuestra alma en la *abundancia*. **Inclinad vuestro oído** y venid a mí, **escuchad** y vivirá vuestra alma" (LBLA).

Por lo tanto, para comer del bien y deleitar su alma en abundancia, *escuche* la Palabra de Dios. Si usted desea salir de la escasez y andar en la provisión divina, *continúe escuchando* el mensaje de las buenas nuevas de la obra consumada de Jesús. *Siga escuchando* todo lo que Él ha hecho para que usted herede todo el bien y la abundancia de Dios. Y le vendrá fe para liberarlo de enfermedades crónicas, temores, deudas y depresión y ¡lo llevará hacia la salud, sabiduría, provisión, productividad y gozo divinos!

*Acontecerá que si oyeres atentamente la voz de Jehová tu Dios…
Jehová tu Dios te exaltará sobre todas las naciones de la tierra.
Y vendrán sobre ti todas estas bendiciones, y te alcanzarán, si
oyeres la voz de Jehová tu Dios. Bendito serás tú en la ciudad, y
bendito tú en el campo. Bendito el fruto de tu vientre, el fruto de
tu tierra, el fruto de tus bestias, la cría de tus vacas y los rebaños
de tus ovejas. Benditas serán tu canasta y tu artesa de amasar.
Bendito serás en tu entrar, y bendito en tu salir. Jehová derrotará
a tus enemigos que se levantaren contra ti; por un camino
saldrán contra ti, y por siete caminos huirán de delante de ti.*
—**DEUTERONOMIO 28:1-7**

---

*Porque no me avergüenzo del evangelio, porque es poder
de Dios para salvación a todo aquel que cree…*
—**ROMANOS 1:16**

Buenas calificaciones por escuchar las buenas nuevas

Permítame compartirle lo que escuchar y escuchar las buenas nuevas del evangelio hicieron por una estudiante de mi congregación.

A esta estudiante le había ido mal en sus pruebas de mediados de año, fracasando en tres de las materias principales. Entonces sus padres comenzaron a reproducir mis mensajes en la casa y el carro tan frecuentemente como podían. Sus padres me compartieron que, a medida que esta chica iba escuchando repetidamente esos mensajes, notaron un increíble cambio en su actitud hacia los estudios. Comenzó a poner su esperanza en Dios y a depender de Él, y la paz empezó a reemplazar el estrés de la escuela.

Seis meses más tarde, en sus pruebas finales, para deleite suyo (y de sus padres), ella obtuvo calificaciones realmente buenas en aquellas materias decisivas, lo cual le valió dos premios: ¡uno por estar entre los estudiantes más sobresalientes de su clase y otro por haber hecho el mayor progreso! Cualquiera que sea el reto que afronta hoy, escuchar continuamente el evangelio de Jesús lo llevará al éxito.

...el Dios de nuestro Señor Jesucristo, el Padre de gloria, os dé
espíritu de sabiduría y de revelación en el conocimiento de
él, alumbrando los ojos de vuestro entendimiento, para que
sepáis cuál es la esperanza a que él os ha llamado, y cuáles
las riquezas de la gloria de su herencia en los santos, y cuál
la supereminente grandeza de su poder para con nosotros los
que creemos, según la operación del poder de su fuerza.

—EFESIOS 1:17-19

Su respuesta se encuentra en la persona de Jesús

La solución a todos sus problemas puede ser encontrada en la persona de Jesús.

Amigo mío, si está preocupado por su provisión diaria, vea como su *proveedor* a Jesús, quien multiplicó cinco panes y dos peces para alimentar a más de 5 000 personas, y le sobraron 12 canastas llenas. Si necesita sabiduría para una situación en particular, vea como su *sabiduría* a Jesús, Quien siempre tiene la respuesta correcta y responde a cada reto. Sepa que Él está *en* usted y *con* usted para guiarlo cuando toma sus decisiones.

Amado, pídale al Espíritu Santo que le dé una revelación *personal* de Jesús en el área que usted necesite. ¡Él mismo es *la* solución para cada una de sus necesidades!

"Espíritu Santo, abre
mis ojos para *ver* lo
que necesito *ver*
sobre *JESÚS* en
las áreas donde tengo necesidad".

Sea libre tras la revelación del amor de Dios

Un precioso hermano me escribió una vez sobre cómo había estado deprimido y derrotado durante muchos años porque veía a Dios como un Dios enojado y sin amor, alguien a quien debía complacer constantemente.

Solo cuando Jesús *le reveló su obra consumada*, este hombre fue liberado de la creencia que él debía ganar la aprobación del Padre. Esta revelación de la obra completa del Señor en la cruz también le abrió los ojos para ver el amor incondicional de Dios por él, y lo liberó para experimentar sanidad y restauración en muchas áreas prácticas de su vida.

Amado, cualquiera que sea su necesidad hoy, lo animo a orar: "Espíritu Santo, abre mis ojos para ver a Jesús como lo necesito hoy". ¡Cuando usted tiene una revelación de Jesús que le habla a su necesidad, encuentra que su corazón se llena de fe para recibir su milagro!

*Gracia y paz os sean multiplicadas, en el conocimiento de Dios y de
nuestro Señor Jesús. Como todas las cosas que pertenecen a la vida
y a la piedad nos han sido dadas por su divino poder, mediante el
conocimiento de aquel que nos llamó por su gloria y excelencia.*

—2 PEDRO 1:2-3

*Pues me propuse no saber entre vosotros cosa
alguna sino a Jesucristo, y a éste crucificado.*

—1 CORINTIOS 2:2

Conozca a su Salvador más y más

La Biblia dice en 2 Pedro 1:2: "Gracia y paz os sean multiplicadas, en el conocimiento de Dios y de nuestro Señor Jesús". En
el griego original, en realidad dice: "...a través del conocimiento
de nuestro Dios y Salvador Jesucristo".

Por lo tanto, el favor inmerecido de Dios y su paz (salud,
provisión y bienestar total) se *multiplican* en su vida a través
del conocimiento de Jesús. ¡Cuanto más conozca a Jesús, más
capaz será de aprovechar la fuente inagotable de su favor, sanidad y provisión!

Amado, todas las respuestas que necesita, ya sea sobre sus
finanzas, salud, carrera o vida familiar, se encuentran en conocer
más de Jesús en forma personal e íntima. Oro para que cada día a
medida que estudie las Escrituras o escuche mensajes centrados
en Jesús, el Espíritu Santo abra sus ojos para ver más de Jesús:
¡su belleza, su amor y gracia hacia usted y su obra cumplida en
el Calvario!

*En esto se ha perfeccionado el amor en nosotros, para
que tengamos confianza en el día del juicio; pues
como él es, así somos nosotros en este mundo.*

—1 JUAN 4:17

*… corramos con perseverancia la carrera que Dios nos ha
puesto por delante. Esto lo hacemos al fijar la mirada en
Jesús, el campeón que inicia y perfecciona nuestra fe…*

—HEBREOS 12:1-2, NTV

Mire a Jesús: la realidad de Él es la realidad de usted
Cuando usted se mira a sí mismo (su debilidad) y sus circunstancias negativas es fácil sentirse presa de ansiedad, temor y desesperanza.

Por esto Dios quiere que miremos hacia fuera de nosotros, a Jesús. Como nos ha puesto en Cristo, ante los ojos de Dios, la realidad de Jesús es hoy nuestra realidad: ¡"**Así somos nosotros** en este mundo"!

Por lo tanto no se enfoque en su vulnerabilidad o en lo que falta en su vida y se desanime. Pregúntese: "¿Está Jesús abandonado, olvidado, enfermo y pobre hoy? No, Él está a la diestra del Padre, lleno de vida, gozo y favor. Todos los recursos del cielo están a su disposición. Él es grandemente bendecido, altamente favorecido y profundamente amado por el Padre, ¡y usted también!

Estar en la posición de Jesús es ver como Dios ve. Y cuando usted ve como Dios ve, ¡verá también que la gracia y la provisión del Señor llenan cada espacio vacío de su vida!

*Le has hecho poco menor que los ángeles, y
lo coronaste de gloria y de honra.*

—SALMO 8:5

*Pues el Señor Dios es nuestro sol y nuestro
escudo; él nos da gracia y gloria.*

—SALMO 84:11 NTV

*La gloria que me diste, yo les he dado, para que
sean uno, así como nosotros somos uno.*

—JUAN 17:22

Véase coronado con gloria y honra

Como hijo amado de Dios, redimido y rescatado por Cristo, usted no solo está rodeado de su favor, también está coronado (rodeado) de *gloria* y de *honra*. Lo animo a verse rodeado de la misma gloria y honra que Jesús tiene hoy a la diestra del Padre. ¡Qué imagen para tener de sí mismo!

Amigo mío, en vez de quejarse de todas las cualidades de que carece y sentirse deprimido, véase rodeado de gloria y de honra. Por ejemplo, si está buscando un trabajo, preparándose para una entrevista o esperando una promoción, no pierda el tiempo preocupándose porque otros puedan ser más capaces o experimentados que usted. En lugar de eso, sea consciente de que hay una unción sobre usted porque la gloria de Dios está sobre usted.

Crea que la próxima vez que entre en una habitación, esa habitación se iluminará y el ambiente cambiará para bien, porque usted está coronado con la gloria y honra de Jesús.

Bienaventurado el varón que no anduvo en consejo de malos, ni estuvo en camino de pecadores, ni en silla de escarnecedores se ha sentado; Sino que en la ley de Jehová está su delicia, y en su ley medita de día y de noche. Será como árbol plantado junto a corrientes de aguas, que da su fruto en su tiempo, y su hoja no cae; y todo lo que hace, prosperará.
—SALMO 1:1-3

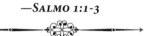

Y aquel Verbo fue hecho carne, y habitó entre nosotros (y vimos su gloria, gloria como del unigénito del Padre), lleno de gracia y de verdad.
—JUAN 1:14

...mas para los llamados, así judíos como griegos, Cristo poder de Dios, y sabiduría de Dios.
—1 CORINTIOS 1:24

Deléitese en el Señor diariamente

La Biblia nos dice: "Bienaventurado el varón que no anduvo en consejo de malos". Esto significa que aunque *hay* sabiduría en los consejos de malos, el hombre bienaventurado no depende de ellos ni camina en ellos. Por el contrario, ¡su deleite está en la Palabra de Dios, que es la persona de Jesús!

Amigo mío, permita que su deleite esté en Jesús. Véalo en cada página de la Biblia mientras medita en la Palabra de Dios de día y de noche.

Amado, ¿en el consejo de quien anda hoy en relación a su provisión? Tenga cuidado con el consejo impío que le promete rápidas ganancias a corto plazo que podrían hacer que caiga en una trampa de deudas. Por el contrario, mientras medita diariamente en Jesús, ¡disfrutará las bendiciones de la abundancia como un mero subproducto de estar en su presencia! Cuando se deleite en Jesús, dará su fruto a su tiempo, su hoja (salud) no caerá y todo lo que haga prosperará.

La tierra a la cual entras para tomarla no es como la tierra de Egipto de donde habéis salido, donde sembrabas tu semilla, y regabas con tu pie, como huerto de hortaliza. La tierra a la cual pasáis para tomarla es tierra de montes y de vegas, que bebe las aguas de la lluvia del cielo.

—DEUTERONOMIO 11:10-11

Cuando Jehová tu Dios te haya introducido en la tierra que juró a tus padres Abraham, Isaac y Jacob que te daría, en ciudades grandes y buenas que tú no edificaste, y casas llenas de todo bien, que tú no llenaste, y cisternas cavadas que tú no cavaste, viñas y olivares que no plantaste…

—DEUTERONOMIO 6:10-11

…El Señor es mi roca, mi amparo, mi libertador; es mi Dios, el peñasco en que me refugio. Es mi escudo, el poder que me salva, ¡mi más alto escondite! Él es mi protector y mi salvador…

—2 SAMUEL 22:2-3, NVI

Dependa de Él para que le provea

Cuando los israelitas eran esclavos en Egipto, confiaban en el río Nilo, un recurso *natural*, para su abastecimiento de agua. Ellos dependían totalmente de sus propias manos para llevar el agua del Nilo y no tenían que buscar a Dios en absoluto para su suministro. Esta es una imagen del esfuerzo propio humano.

Por otro lado, en la tierra prometida de Canaán que Dios había preparado para su amado pueblo, no había un río Nilo del cual depender. Así que tuvieron que mirar hacia arriba y **depender únicamente del Señor** para la bendición de la lluvia que caería sobre sus tierras.

Amado, incluso mientras trabaja diligentemente en su carrera hoy, ¿en qué está puesta su confianza? ¿Está en su autoesfuerzo para proveer por sí mismo, o su dependencia está en el Señor para que lo bendiga, haga progresar y promueva? Es tiempo de mirar hacia arriba, especialmente en épocas de confusión económica cuando los "Nilos" del mundo se están secando. ¡Busque a Jesús para que le provea!

Mas por él estáis vosotros en Cristo Jesús, el cual nos ha sido hecho
por Dios sabiduría, justificación, santificación y redención.
—1 CORINTIOS 1:30

Sabiduría ante todo; adquiere sabiduría; y sobre
todas tus posesiones adquiere inteligencia.
—PROVERBIOS 4:7

Jehová te pastoreará siempre, y en las sequías saciará tu alma…
—ISAÍAS 58:11

Y si alguno de vosotros tiene falta de sabiduría, pídala a Dios, el
cual da a todos abundantemente y sin reproche, y le será dada.
—SANTIAGO 1:5

Sabiduría ante todo

La solución a los problemas de dinero es la sabiduría de Dios. Hoy, a medida que confía en que Dios le dé un incremento, lo animo a pedirle a Dios primeramente sabiduría respecto a todos los retos financieros que tiene por delante.

En el libro de Santiago, aprendemos que si alguien está falto de sabiduría, "la pida a Dios, el cual da a todos abundantemente y sin reproche, y le será dada".

La sabiduría de Dios le ayudará a identificar y resolver el problema económico que actualmente experimenta. No haga una prioridad del acumular bienes materiales. La Palabra de Dios declara: "sabiduría **ante todo**". Amigo mío, ¡en todas sus posesiones adquiera sabiduría y entendimiento!

Me volví y vi debajo del sol, que ni es de los ligeros la carrera, ni la guerra de los fuertes, ni aun de los sabios el pan, ni de los prudentes las riquezas, ni de los elocuentes el favor; sino que tiempo y ocasión acontecen a todos.
—ECLESIASTÉS 9:11

Porque tú, oh Jehová, bendecirás al justo; como con un escudo lo rodearás de tu favor.
—SALMO 5:12

Porque no se apoderaron de la tierra por su espada, ni su brazo los libró; sino tu diestra, y tu brazo, y la luz de tu rostro, porque te complaciste en ellos.
—SALMO 44:3

…Y por tu buena voluntad acrecentarás nuestro poder.
—SALMO 89:17

La carrera no es de los ligeros

El mundo le dice que los que tienen cualidades, talentos y experiencia obtienen los empleos, promociones y salarios altos.

Amigo mío, aunque usted vive en este mundo, como hijo amado de Dios no debe limitarse por esto. Usted tiene el favor de Dios, **¡su gracia inmerecida y no ganada!** Lea Eclesiastés 9:11: "Ni es de los ligeros la carrera, ni la guerra de los fuertes…". Así que aunque en lo natural no sea el más inteligente, fuerte, preparado o bien parecido, Dios sigue pudiendo darle el éxito **cuando usted depende de su gracia**.

En lugar de reflexionar sobre sus "descalificaciones", sea consciente del favor de Dios por usted. Sonría y diga: El favor de Dios está sobre mí por Jesús. Espero que hoy me sucedan cosas grandes". Amado, sea consciente de su favor. Créalo. Confiéselo. ¡Y experiméntelo!

Cuando la sabiduría entrare en tu corazón, y la ciencia fuere grata a tu alma, la discreción te guardará; te preservará la inteligencia, para librarte del mal camino...

—**PROVERBIOS 2:10-12**

Yo te instruiré, yo te mostraré el camino que debes seguir; yo te daré consejos y velaré por ti.

—**SALMO 32:8, NVI**

Bienaventurado el hombre a quien corriges, SEÑOR, y lo instruyes en tu ley...

—**SALMO 94:12, LBLA**

Porque el que me halle [a la sabiduría], hallará la vida, y alcanzará el favor de Jehová.

—**PROVERBIOS 8:35, ACLARACIÓN ENTRE CORCHETES AÑADIDA.**

Fíate de Jehová de todo tu corazón, y no te apoyes en tu propia prudencia. Reconócelo en todos tus caminos, y él enderezará tus veredas.

—**PROVERBIOS 3:5-6**

Haga partícipe a Jesús

Usted no necesita un milagro financiero cuando camina constantemente en la sabiduría de Dios. En otras palabras, cuando camina en su sabiduría, no está sobreviviendo de un rescate a otro, ni en un constante estado de crisis financiera y de escasez.

Amigo mío, la provisión de sabiduría de Dios es abundante y quiero desafiarlo a aprovechar este poderoso recurso del cielo.

Antes de hacer un cambio de carrera, iniciar un nuevo negocio o hacer una compra o inversión significativa, haga partícipe a Jesús. No excluya al Señor. Cuando alguien lo presiona a firmar un acuerdo simplemente porque "la oferta es válida solo por hoy", dé un paso atrás. No tome una decisión por emociones ni apresuradamente. Espere en el Señor. Prepárese para dejar esa "gran oportunidad" si no siente su paz y sabiduría. Aprender a fluir en la sabiduría divina le ahorrará valioso tiempo y dinero.

Tome a JESÚS como
su SABIDURÍA
y *tome* todas las
decisiones correctas.

Un momento del
FAVOR DE DIOS
*puede transformar
su vida.*

Y Rut la moabita dijo a Noemí: Te ruego que me dejes ir al campo, y recogeré espigas en pos de aquel a cuyos ojos hallare gracia. Y ella le respondió: Ve, hija mía. Fue, pues, y llegando, espigó en el campo en pos de los segadores; y aconteció que aquella parte del campo era de Booz, el cual era de la familia de Elimelec.

—RUT 2:2-3

Ella entonces bajando su rostro se inclinó a tierra, y le dijo: ¿Por qué he hallado gracia en tus ojos para que me reconozcas, siendo yo extranjera?

—RUT 2:10

Acuérdate de mí, oh Jehová, según tu benevolencia para con tu pueblo; visítame con tu salvación.

—SALMO 106:4

La provisión de Dios excede todas sus expectativas

¿Está confiando en que Dios le dará una pareja? Crea que el Señor lo puede colocar en el lugar correcto en el momento correcto para conocer a la persona correcta. Mire la historia de Rut. ¡De todos los campos en los que pudo haber ido a recolectar granos, el Señor la llevó al de Booz! Luego Booz se enamoró de Rut y el resto es historia.

En lo natural todas las posibilidades estaban contra Rut. Ella era una viuda pobre y una moabita (una extranjera). Sin embargo, eso no le impidió poner su confianza en el favor de Dios. Luego, esa confianza no solo la llevó a tener provisión de grano para ella y su suegra, Noemí, sino que también le proveyó una pareja bendecida.

Amado, la provisión de Dios excederá todas sus expectativas. Rut solo estaba confiando en tener el grano, pero el Señor excedió sus expectativas y la bendijo con Booz. ¡Crea con todo su corazón que Dios puede hacer lo mismo por usted!

*Que el favor del Señor nuestro Dios esté sobre
nosotros. Confirma en nosotros la obra de nuestras
manos; sí, confirma la obra de nuestras manos.*
—SALMO 90:17, NVI

*Sino que lo necio del mundo escogió Dios, para
avergonzar a los sabios; y lo débil del mundo escogió
Dios, para avergonzar a lo fuerte; y lo vil del mundo y lo
menospreciado escogió Dios, y lo que no es, para deshacer
lo que es, a fin de que nadie se jacte en su presencia.*
—1 CORINTIOS 1:27-29

*Y mandó que echaran a José en la cárcel donde estaban
los presos del rey. Pero aun en la cárcel el Señor estaba
con él y no dejó de mostrarle su amor. Hizo que se
ganara la confianza del guardia de la cárcel.*
—GÉNESIS 39:20-21, NVI

Vida y misericordia me concediste, y tu cuidado guardó mi espíritu.
—JOB 10:12

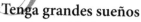

Tenga grandes sueños

He aquí la historia de un joven de mi congregación que había comenzado un negocio pequeño distribuyendo equipo para piscinas. Cuando llegó una importantísima invitación para someter una cotización para construir la piscina elevada más larga del mundo, este joven, que había estado escuchando mis mensajes sobre cómo depender del favor de Dios, decidió participar en la licitación. A pesar de la intensa competencia por este multimillonario proyecto de construcción, este joven, que no había construido una piscina en toda su vida, ¡ganó el proyecto!

Él no tenía las cualidades o la experiencia de sus competidores, pero definitivamente tenía el favor de Dios. Su primer proyecto de construcción resultó ser la piscina más cara del mundo. Está en lo alto de un icónico punto de referencia de mi país, suspendido 57 pisos sobre el suelo atravesando tres edificios, justo en el corazón de la ciudad. Cada vez que conduzco cerca de este lugar tan conocido y miro hacia esta hermosa piscina, recuerdo la bondad y el favor de nuestro Señor. ¡Amado, apóyese en el favor de Dios y tenga grandes sueños!

Y se le apareció Jehová, y le dijo: No desciendas a Egipto;
habita en la tierra que yo te diré. Habita como forastero en
esta tierra, y estaré contigo, y te bendeciré; porque a ti y a tu
descendencia daré todas estas tierras, y confirmaré el juramento
que hice a Abraham tu padre… Habitó, pues, Isaac en Gerar.
—GÉNESIS 26:2-3, 6

Isaac sembró en aquella región, y ese año cosechó al
ciento por uno, porque el Señor lo había bendecido.
—GÉNESIS 26:12, NVI

Quédese quieto, confíe en Jesús y coseche al ciento por uno

Mirando las grietas que se alineaban en la tierra reseca, Isaac pensó: "Esta hambruna es mala. Tal vez debería dejar Gerar y bajar a Egipto y plantar mis cultivos allí". Sin embargo, cuando levantó la vista el Señor se le apareció y le dijo: "**No desciendas a Egipto**; habita en la tierra que yo te diré… **y estaré contigo, y te bendeciré**…". Isaac se quedó donde estaba en Gerar.

Cuando Isaac estuvo en Gerar por algún tiempo, "sembró en aquella región, y ese año cosechó al ciento por uno, **porque el Señor lo había bendecido**". ¿Ve usted? ¡A pesar de la grave hambruna, los cultivos de Isaac prosperaron y tuvo una cosecha más abundante! Amado, quédese donde Dios lo ha llamado: no corra hacia el mundo buscando ayuda sino siga dependiendo del Señor y su favor abundante. No desista de Dios. ¡Si su fe está en Aquel que multiplicó los panes y los peces y que lo sabe todo, usted florecerá incluso en tiempos de hambruna!

Sembró Isaac en aquella tierra, y cosechó aquel año el ciento por uno; y lo bendijo Jehová. Se enriqueció y fue prosperado, y se engrandeció hasta hacerse muy poderoso. Poseía hato de ovejas, hato de vacas y mucha servidumbre.
—GÉNESIS 26:12-14, RV95

Levántate, resplandece; porque ha venido tu luz, y la gloria de Jehová ha nacido sobre ti. Porque he aquí que tinieblas cubrirán la tierra, y oscuridad las naciones; mas sobre ti amanecerá Jehová, y sobre ti será vista su gloria.
—ISAÍAS 60:1-2

No tema al hambre: Dios proveerá

¿Cree que usted puede experimentar un mayor crecimiento cuando el mundo está experimentando hambre?

Amigo mío, el hambre ha existido desde el tiempo de los patriarcas del Antiguo Testamento. Pero la buena noticia es que Dios siempre cuida de su pueblo. Abraham tuvo más de lo necesario *durante un tiempo de hambre.* Su hijo, Isaac, tuvo bastante para sembrar *durante un tiempo de hambre* y cosechó al ciento por uno. De hecho, Isaac comenzó a experimentar el mayor crecimiento y provisión durante una época de hambre.

¡Ese es el estilo de Dios! Toda la gloria le sea dada a Él cuando usted y sus seres queridos estén provistos durante una hambruna. Amado, no tema sino confíe y crea que Jesús lo guiará a nuevos niveles de éxito y bendición. Él hará que usted experimente un incremento del ciento por uno mientras el mundo tiene carencias.

Si mantiene sus
ojos en **el abundante favor**
de Jesús...

N

...no tiene
que temer
en tiempos de hambruna.

Y llegando el que había recibido cinco talentos, trajo otros cinco talentos, diciendo: Señor, cinco talentos me entregaste; aquí tienes, he ganado otros cinco talentos sobre ellos. Y su señor le dijo: Bien, buen siervo y fiel... Llegando también el que había recibido dos talentos, dijo: Señor, dos talentos me entregaste; aquí tienes, he ganado otros dos talentos sobre ellos. Su señor le dijo: Bien, buen siervo y fiel...

—MATEO 25:20-23

La mano negligente empobrece; mas la mano de los diligentes enriquece.

—PROVERBIOS 10:4

El perezoso ambiciona, y nada consigue; el diligente ve cumplidos sus deseos.

—PROVERBIOS 13:4, NVI

Déle a Jesús algo para multiplicar

En la parábola de los talentos, el amo felicitó a los dos primeros siervos, porque multiplicaron el dinero que les fue confiado. Ellos no holgazanearon tomando café o quejándose de lo difícil que es conseguir un trabajo en esta economía. Por el contrario, fueron diligentes, sabios y prudentes y encontraron maneras de duplicar el dinero que se les había confiado. Entonces, el Señor los felicitó y los llamó siervos buenos y fieles.

Amigo mío, quiero animarlo a ser un mayordomo fiel, sabio, bueno y diligente del dinero que Dios ha puesto en sus manos. Mientras espera que Dios le provea, invierta dinero en enviar su currículum vítae, asistir a entrevistas o encontrar un mejor trabajo. No entierre su dinero sentándose en su casa a ver televisión. ¡Déle a Jesús algo que pueda multiplicar y lo verá colocar su favor sobre ello!

Mientras la tierra permanezca, no cesarán la sementera y la siega, el frío y el calor, el verano y el invierno, y el día y la noche.
—**GÉNESIS 8:22**

…El que siembra escasamente, también segará escasamente; y el que siembra generosamente, generosamente también segará. Cada uno dé como propuso en su corazón: no con tristeza, ni por necesidad, porque Dios ama al dador alegre. Y poderoso es Dios para hacer que abunde en vosotros toda gracia, a fin de que, teniendo siempre en todas las cosas todo lo suficiente, abundéis para toda buena obra… Y el que da semilla al que siembra, y pan al que come, proveerá y multiplicará vuestra sementera, y aumentará los frutos de vuestra justicia.
—**2 CORINTIOS 9:6-10**

Dad, y se os dará; medida buena, apretada, remecida y rebosando darán en vuestro regazo; porque con la misma medida con que medís, os volverán a medir.
—**LUCAS 6:38**

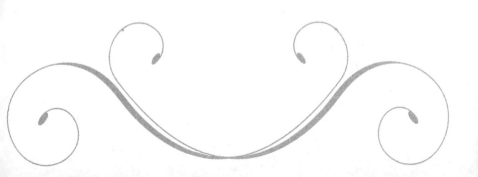

El secreto de la siembra

Los recursos con los que Dios lo ha bendecido hoy contienen tanto *pan* como *semillas*. No consuma todo lo que tiene como pan. Tenga la sabiduría de sembrar semillas que le proveerán *tanto* pan para el futuro *como* más semillas para volver a sembrar. La Biblia dice: "El que siembra escasamente, también segará escasamente; y el que siembra generosamente, generosamente también segará", y nos anima a dar con propósito: "No con tristeza, ni por necesidad, porque Dios ama al dador alegre". Ahora, vea la promesa de provisión que Dios da cuando usted siembra generosamente: "Poderoso es Dios para hacer que ABUNDE en vosotros TODA GRACIA, a fin de que, teniendo siempre en todas las cosas todo LO SUFICIENTE, abundéis para TODA buena obra".

Amado, la clave para experimentar la promesa de provisión de Dios se puede rastrear según como una persona siembra la semilla que recibe. Si usted siembra su semilla, Dios "proveerá y multiplicará vuestra sementera, y aumentará los frutos de vuestra justicia".

Traed todos los diezmos al alfolí y haya alimento en mi casa;
y probadme ahora en esto, dice Jehová de los ejércitos,
si no os abriré las ventanas de los cielos,
y derramaré sobre vosotros bendición hasta que sobreabunde.
Reprenderé también por vosotros al devorador,
y no os destruirá el fruto de la tierra, ni vuestra vid
en el campo será estéril, dice Jehová de los ejércitos.
Y todas las naciones os dirán bienaventurados;
porque seréis tierra deseable, dice Jehová de los ejércitos.
—**MALAQUÍAS 3:10-12**

Honra a Jehová con tus bienes, y con las primicias
de todos tus frutos; y serán llenos tus graneros con
abundancia, y tus lagares rebosarán de mosto.
—**PROVERBIOS 3:9-10**

Si las primicias son santas, también lo es la masa restante;
y si la raíz es santa, también lo son las ramas.
—**ROMANOS 11:16**

Las ventanas del cielo abiertas

Amado, ¿sabía usted que Dios no necesita su diezmo? Yo le digo a mi congregación que no diezme si no tienen la revelación del diezmar. Esto es porque nada sucederá si dan por miedo o por obligación religiosa.

Amigo mío, diezme en su iglesia local solo cuando tenga la revelación de que este es un acto de adoración y agradecimiento a Jesús. Al hacerlo está diciendo: "Jesús, TÚ eres la fuente de todas mis bendiciones y crecimiento. Gracias por bendecirnos siempre a mi familia y a mí conforme a las riquezas de tu gracia".

Cuando su diezmo surge de tal revelación, Dios declara: "Os abriré las ventanas de los cielos, y derramaré sobre vosotros bendición hasta que sobreabunde. Reprenderé también por vosotros al devorador, y no os destruirá el fruto de la tierra, ni vuestra vid en el campo será estéril". Claramente, el diezmar es solo para aquellos de nosotros que tenemos una revelación de cuánto Dios desea darnos provisión.

*Pero aquel [Melquisedec] cuya genealogía no es contada de entre
ellos, tomó de Abraham los diezmos, y bendijo al que tenía las
promesas. Y sin discusión alguna, el menor es bendecido por el
mayor. Y aquí ciertamente reciben los diezmos hombres mortales;
pero allí, uno de quien se da testimonio de que vive. Y por decirlo
así, en Abraham pagó el diezmo también Leví, que recibe los
diezmos; porque aún estaba en los lomos de su padre cuando
Melquisedec le salió al encuentro. Porque manifiesto es que nuestro
Señor vino de la tribu de Judá, de la cual nada habló Moisés
tocante al sacerdocio. Y esto es aun más manifiesto, si a semejanza
de Melquisedec se levanta un sacerdote distinto, no constituido
conforme a la ley del mandamiento acerca de la descendencia, sino
según el poder de una vida indestructible. Pues se da testimonio de
él: Tú eres sacerdote para siempre, según el orden de Melquisedec.*
—**HEBREOS 7:6-10, 14-17,**
ACLARACIÓN ENTRE CORCHETES AÑADIDA.

¡Su diezmo testifica que Jesús vive!

Hoy, cuando usted diezma, Hebreos 7:8 nos dice que no está
diezmando a hombres mortales, sino a Cristo, quien vive. Esta
diezmando a Jesús nuestro sumo sacerdote, cuyo sacerdocio
es según el orden de Melquisedec: según el poder de una vida
indestructible. Por eso, cuando usted trae sus diezmos, ¡está
declarando que Jesús está realmente vivo en su vida!

¿Sabe lo que significa tener a Jesús vivo en su vida? Significa
que Él vendrá a sus circunstancias negativas y las cambiará para
bien. Significa que habrá muestras, señales y maravillas de que
está vivo en su vida. La gente lo mirará y dirá: "¿Cómo logras
seguir siendo tan bendecido a pesar de la situación económica?".

¡Amado, Él lo distinguirá de la gente del mundo y proveerá
abundantemente para todas sus necesidades!

CAPÍTULO 5

Descanse en la provisión de Dios

*El Espíritu del Señor está sobre mí, por cuanto me ha ungido
para dar buenas nuevas a los pobres; me ha enviado a
sanar a los quebrantados de corazón; a pregonar libertad
a los cautivos, y vista a los ciegos; a poner en libertad a
los oprimidos; a predicar el año agradable del Señor.*
—Lucas 4:18-19

*Querido hermano, oro para que te vaya bien en todos tus asuntos
y goces de buena salud, así como prosperas espiritualmente.*
—3 Juan 1:2, NVI

Jesucristo es el mismo ayer, y hoy, y por los siglos.
—Hebreos 13:8

Lo que Jesús desea para usted

Cuando Jesús fue a la sinagoga de Nazaret, habló de cómo Dios envió a Elías a la viuda de Sarepta, y a Naamán el sirio a Eliseo. Si usted lee estas dos historias del Antiguo Testamento, se dará cuenta de que uno es un milagro de **provisión y abundancia** (la última porción de aceite de la viuda fue multiplicada), mientras que el otro es un milagro de **sanidad** (Naamán fue curado de lepra).

Así que aun en el Antiguo Testamento, vemos que el deseo de Dios es proveer ampliamente y sanar a las personas. No es su voluntad que nadie sufra carencia, o perezca por enfermedades. En el Nuevo Testamento, cuando Jesús encontró carencias, dio pescas enormes, y multiplicó panes y peces. Cuando los enfermos vinieron a Él, siempre los curó.

Jesús es el mismo ayer, hoy y siempre. Métase en la cabeza y en el corazón que Él lo quiere sano y con sustento. Tómese tiempo para leer todos los milagros de provisión y sanidad en los evangelios y vea lo que Jesús desea hoy para usted.

Porque de su plenitud tomamos todos,
y gracia sobre gracia.
—JUAN 1:16

El gran amor del Señor nunca se acaba, y su compasión
jamás se agota. Cada mañana se renuevan sus
bondades; ¡muy grande es su fidelidad!
—LAMENTACIONES 3:22-23, NVI

Pues si vosotros, siendo malos, sabéis dar buenas dádivas
a vuestros hijos, ¿cuánto más vuestro Padre que está en
los cielos dará buenas cosas a los que le pidan?
—MATEO 7:11

Su gracia nunca cesa

Colocando un puñado de fichas en la máquina de juegos en la que mi pequeña Jessica estaba completamente absorta, le dije: "Jessica, cuando el juego se acabe, solo hay que poner otra ficha, ¿de acuerdo?". Ella tenía apenas tres años entonces, pero sin duda entendió muy bien cómo poner nuevas fichas para seguir jugando.

Era divertido verla disfrutar del juego. Sus ojos se iluminaban y se veían sus hoyuelos, especialmente cuando iba ganando. Como su padre, siempre me hace feliz verla feliz, así que vigilaba para asegurarme de que tuviese fichas suficientes para seguir jugando. Cuando comenzaban a escasear, yo corría al mostrador para conseguir una nueva pila de fichas. Así que el papá de Jessica no dejaba de suministrarle fichas mientras que ella simplemente seguía disfrutando del juego.

Amado, si un padre terrenal puede hacer esto por su hija por un simple juego de video, ¡**cuanto más** nuestro Padre celestial, que nos ama y se deleita en vernos bendecidos, hará para proveernos!

En quien tenemos redención por su sangre, el perdón de
pecados según las riquezas de su gracia, que hizo sobreabundar
para con nosotros en toda sabiduría e inteligencia.
—**EFESIOS 1:7-8**

Pero Dios, que es rico en misericordia, por su gran amor con que
nos amó, aun estando nosotros muertos en pecados, nos dio vida
juntamente con Cristo (por gracia sois salvos), y juntamente con él
nos resucitó, y asimismo nos hizo sentar en los lugares celestiales
con Cristo Jesús, para mostrar en los siglos venideros las abundantes
riquezas de su gracia en su bondad para con nosotros en Cristo Jesús.
—**EFESIOS 2:4-7**

Misericordioso y clemente es Jehová; lento
para la ira, y grande en misericordia.
—**SALMO 103:8**

¿Cinco minutos de gracia?

Una razón por la que muchos cristianos se inquietan y preo-cupan en vez de acudir a Dios cuando enfrentan retos es que ven su gracia como limitada. Como ven limitado su tiempo, limi-tados sus ahorros y limitados los recursos naturales de la tierra, racionalizan que la gracia de Dios también debe ser limitada. Qué triste es cuando los creyentes de hoy en día entienden la palabra "gracia" en términos de tarifas de estacionamiento: ¡el período de cinco minutos de "gracia" antes de que se aplique el precio correspondiente!

Amado, cuando se trata de la gracia del Señor, usted debe entender que es ILIMITADA. ¡Es INFINITA! ¿Quién puede sondear las profundidades de su inconmensurable gracia?

Por eso Dios no quiere que usted tome una pizca de su gracia de vez en cuando y pase preocupado el resto del tiempo. No, Él quiere que usted tome de ella ABUNDANTEMENTE *todos* los días para *cada* situación. No tome solo "cinco minutos" de gracia. ¡Tómela en abundancia! ¡Así es como usted vive repo-sadamente y reina en la vida!

Pero Noé halló gracia ante los ojos de Jehová.
—GÉNESIS 6:8

*Venid a mí todos los que estáis trabajados y
cargados, y yo os haré descansar.*
—MATEO 11:28

Entonces, hagamos todo lo posible por entrar en ese descanso…
—HEBREOS 4:11, NTV

El reposo halla gracia

Cuando un tema se menciona por primera vez en la Biblia, usualmente hay una importante verdad que podemos aprender. ¿Sabe cuándo es la primera vez que se menciona la palabra "gracia" en la Biblia? Se encuentra en Génesis 6:8: "Pero Noé halló gracia ante los ojos de Jehová".

"Entonces, ¿cual es la enseñanza tan importante que tenemos que aprender aquí, pastor Prince?"

Amigo mío, el nombre Noé significa "reposo". Por lo tanto, la poderosa verdad encerrada aquí es que ¡EL REPOSO HALLA GRACIA! ¡Cuanto más **descanse** usted en la obra terminada de Jesús y haga lo necesario para alcanzar ese reposo, más la gracia operará en su vida y hará que disfrute de sus bendiciones! Cuando realiza su trabajo, estudios o tareas del hogar reposando en el conocimiento de que el favor de Dios está sobre usted y bendice la obra de sus manos, usted puede detenerse a contemplar los resultados y la provisión sobrenatural de Él.

Amado, aprenda a reposar y encontrar gracia a los ojos del Señor.

Espigó, pues, en el campo hasta la noche, y desgranó lo
que había recogido, y fue como un efa de cebada.

—RUT 2:17

Y después que durmió a sus pies hasta la mañana, [Rut] se levantó
antes que los hombres pudieran reconocerse unos a otros; porque
él dijo: No se sepa que vino mujer a la era. Después le dijo: Quítate
el manto que traes sobre ti, y tenlo. Y teniéndolo ella, él midió seis
medidas de cebada, y se las puso encima; y ella se fue a la ciudad.

—RUT 3:14-15,

ACLARACIÓN ENTRE CORCHETES AÑADIDA.

El reposo trae muchos más resultados

Rut, trabajando desde la mañana hasta la noche en el campo de Booz, un pariente rico, solo recogía **un** efa de cebada. Eso es aproximadamente la provisión para 10 días. Pero cuando ella se limitó a descansar a sus pies durante la noche, él le dio **seis** efas de cebada, el equivalente a la provisión para dos meses.

Booz, el pariente redentor de Rut, es una imagen de Jesús, nuestro Redentor, en quien debemos descansar. Este reposo se refiere a una postura interior de creer y confiar serenamente en la obra terminada de Jesús y en su capacidad para darle crecimiento y éxito *a medida que usted hace lo que le corresponde.* Descansar no quiere decir sentarse sin hacer nada y esperar que las bendiciones le caigan en la falda.

Amado, lo que Dios no quiere que usted haga es preocuparse y hacer cosas por temor. Él anhela que usted se siente a los pies de Jesús y escuche sus palabras de amor y vida. ¡Deje que le quite sus temores y lo lleve al éxito!

ENTRÉGUELE
sus cargas y
DESCANSE
en su amor por usted.

Descansar: lo más responsable que usted puede hacer

Si no me preocupo por mis hijos y sus estudios, soy una madre irresponsable. Si no trabajo tiempo extra los siete días de la semana para ganar más dinero para mi familia, no estoy siendo un buen padre.

Amigo mío, los deseos que usted tiene de proveer para su familia son válidos. Pero preocuparse y estar ansioso no solo daña su salud y sus relaciones, sino que daña la provisión de la gracia de Dios en su vida. Dios no puede trabajar libremente en su vida mientras usted se le interpone "en el camino" y se preocupa y estresa movido por el miedo.

Amado, lo más responsable que puede hacer por usted mismo y por su familia ¡es **entregarle todo y descansar**! DESCANSE en su amor y favor hacia usted y su familia. Hágase a un lado y permítale a Jesús hacer por usted lo que usted no puede hacer por sí mismo. Cuando le permita hacerlo, no solo obtendrá más resultados ¡sino que experimentará paz y éxito!

Y ahora, [Rut] hija mía, no tengas miedo. [Yo, Booz] Haré
por ti todo lo que me pidas.... Ahora bien, aunque es cierto
que soy un pariente que puede redimirte, hay otro más cercano
que yo. Quédate aquí esta noche. Mañana, si él quiere
redimirte, está bien que lo haga. Pero si no está dispuesto a
hacerlo, ¡tan cierto como que el Señor vive, te juro que yo
te redimiré! Ahora acuéstate aquí hasta que amanezca.
—**RUT 3:11-13, NVI, ACLARACIONES ENTRE CORCHETES AÑADIDAS.**

Entonces Noemí dijo: Espérate, hija mía, hasta que
sepas cómo se resuelve el asunto; porque aquel hombre
no descansará hasta que concluya el asunto hoy.
—**RUT 3:18**

Cuando usted descansa, Dios trabaja

Booz quería redimir a Rut de todos sus problemas financieros y casarse con ella. Sin embargo, según la costumbre de la época, solo podía hacerlo después de que un pariente cercano de Rut renunciara a su derecho a redimirla. Así que Booz subió a la puerta de Belén para arreglar el asunto con este pariente.

Cuando la suegra de Rut, Noemí, se enteró de lo ocurrido, le dijo a Rut que **estuviese tranquila y no ansiosa** porque Booz **no descansaría** hasta resolver el asunto de Rut ese mismo día. Ahora bien, como Booz es una imagen de Jesús, nuestro pariente Redentor, la verdad es que cuando nos "quedamos quietos" y no estamos ansiosos, ¡Jesús trabaja a nuestro favor!

Amado, ¿cuál es la necesidad que afronta hoy? ¿Algún síntoma molesto en su cuerpo? ¿El temor a perder un empleo? Entréguele el asunto a su Booz celestial, Jesús, y descanse en su capacidad, disponibilidad y favor. Cuando usted descanse en Él, ¡Él no descansará hasta resolver el asunto por usted!

Procuremos, pues, entrar en aquel reposo...
—HEBREOS 4:11

*Y acabó Dios en el día séptimo la obra que hizo; y reposó
el día séptimo de toda la obra que hizo. Y bendijo Dios
al día séptimo, y lo santificó, porque en él reposó de
toda la obra que había hecho en la creación.*
—GÉNESIS 2:2-3

*Si Jehová no edificare la casa, en vano trabajan los que la edifican;
si Jehová no guardare la ciudad, en vano vela la guardia. Por demás
es que os levantéis de madrugada, y vayáis tarde a reposar, y que
comáis pan de dolores; pues que a su amado dará Dios el sueño.*
—SALMO 127:1-2

Trabaje en reposar

Hay tantas cosas por hacer todos los días: preparar el desayu-no, llevar los niños a la escuela, terminar su presentación, dirigir una junta, reunirse con un cliente, aconsejar a un amigo... ¡Es como si siempre estuviésemos trabajando en algo!

En realidad, si hay una cosa a la que deberíamos darle priori-dad cada día, es ¡a trabajar en **reposar**! Suena como un oxímoron, ¿verdad? ¿Cómo se puede *trabajar* en *reposar*?

Sin embargo, eso es exactamente lo que Dios quiere que hagamos. Dada nuestra inclinación a trabajar, a preocuparnos, y a apresurarnos a finalizar todas nuestras tareas cada día, el Señor quiere que prioricemos el pasar tiempo con Él y permi-tir que su amor y sus palabras de gracia se lleven toda nuestra agitación, preocupaciones y temores.

Amigo mío, haga del trabajo por entrar en el reposo de Dios la tarea *número uno* de su lista de cada día. Cuando está en reposo, la gracia de Dios puede fluir sin obstáculos a través de usted para realizar, con toda facilidad, todo cuanto debe hacerse ese día. Descanse en la provisión de hoy para usted: ¡recíbala!

El *reposo* no es inactividad, sino una *actividad* dirigida por Dios.

DESCANSE EN LA PROVISIÓN DE DIOS

Qué significa el reposo y cómo funciona

Algunos creyentes tienen una noción peculiar de lo que significa el reposo. Piensan que reposar implica que no deben hacer nada sino esperar que la provisión de Dios aparezca mágicamente ante ellos.

Pero el reposo bíblico no es inactividad. ¡Es actividad dirigida! Dios nos bendice cuando confiamos en Él y caminamos en fe. Por ejemplo, si usted está buscando una pareja, no se quede en casa esperando a ese compañero o compañera especial. En su puerta no va a aparecer un completo extraño con una propuesta de matrimonio. Mas si descansa en el favor de Dios y está disponible para conocer el tipo indicado de personas (por ejemplo participando en algún ministerio de su iglesia), el Espíritu Santo dirigirá sus pasos y hará que su camino se cruce con el futuro compañero o compañera de su vida.

Amado, es igual para todas las provisiones que está buscando en Cristo. Él ya ha hecho todo para que usted reciba lo mejor de Dios. Por lo tanto, descanse en su favor y constante amor por usted. Entonces, mientras camina en fe, verá a Dios bendecirlo más allá de sus sueños.

¿Y quién de vosotros podrá, por mucho que se afane, añadir a su estatura un codo?
—**MATEO 6:27**

Y Jesús crecía en sabiduría y en estatura, y en gracia para con Dios y los hombres.
—**LUCAS 2:52**

Y el niño Samuel crecía en estatura y en gracia para con el SEÑOR y para con los hombres.
—**1 SAMUEL 2:26, LBLA**

Gracia para la crianza

Si está abrumado por la responsabilidad de ser padre hoy, quiero animarlo a creer que hay una provisión y una gracia para la crianza. En lugar de afanarse y preocuparse por sus hijos, ore por ellos para que experimenten la sabiduría, el favor y la protección de Dios a través de Jesucristo.

Antes de que se vayan a la cama por las noches o de que salgan para la escuela, ponga sus manos sobre ellos y declare: "¡Porque eres un hijo (o una hija) de Jesús, día tras día crecerás **en sabiduría de Dios y en favor con Dios y los hombres**! Jesús hará que estés en el lugar correcto en el momento correcto".

Entregue al Señor sus preocupaciones por sus hijos. Confíe en que Él le proveerá sabiduría para hablar palabras de ánimo y vida sobre ellos y enseñarles a tomar buenas decisiones en lugar de ceder a la presión de sus pares. ¡El Señor lo ha equipado y ha provisto la gracia para ser un padre o una madre excelentes!

Porque en lengua de tartamudos, y en extraña lengua hablará a este pueblo, a los cuales él dijo: Este es el reposo; dad reposo al cansado; y este es el refrigerio...
—ISAÍAS 28:11-12

El que habla en lengua extraña, a sí mismo se edifica...
—1 CORINTIOS 14:4

Además, el Espíritu Santo nos ayuda en nuestra debilidad. Por ejemplo, nosotros no sabemos qué quiere Dios que le pidamos en oración, pero el Espíritu Santo ora por nosotros con gemidos que no pueden expresarse con palabras. Y el Padre, quien conoce cada corazón, sabe lo que el Espíritu dice, porque el Espíritu intercede por nosotros, los creyentes, en armonía con la voluntad de Dios.
—ROMANOS 8:26-27, NTV

Lenguas: el reposo y el refrigerio

El profeta Isaías describe el hablar en lenguas como "el reposo" y "el refrigerio". En el Nuevo Testamento, el apóstol Pablo dice que el creyente que habla en lenguas "a sí mismo se edifica". Aquí la palabra para "edifica" es *oikodomeo,* que significa *construir, restaurar* y *reparar.*

He encontrado que esto es muy cierto, especialmente cuando me siento muy cansado después de un largo viaje. ¡Muchas veces, a pesar del "jet lag", orar en el Espíritu Santo me ha dado reposo y energías sobrenaturales para seguir predicando y ministrando!

Amigo mío, una de las mejores maneras de ser refrescado, entrar en reposo y mantenerse descansado es orar en lenguas durante el día. Usted puede orar en lenguas mientras va hacia el trabajo o durante el receso. Si usted es un ama de casa, puede orar en lenguas mientras cocina o lava la ropa. Amado, cuando usted hace partícipe al **Espíritu Santo** y **descansa**, ¿cómo no va a experimentar su provisión sobrenatural en todo lo que hace?

Cuando venga el Espíritu de verdad, él los guiará a toda la verdad. Él no hablará por su propia cuenta, sino que les dirá lo que él ha oído y les contará lo que sucederá en el futuro.
—JUAN 16:13, NTV

Pues todos los que son guiados por el Espíritu de Dios son hijos de Dios.
—ROMANOS 8:14, NTV

Y sabemos que Dios hace que todas las cosas cooperen para el bien de los que lo aman y son llamados según el propósito que él tiene para ellos.
—ROMANOS 8:28, NTV

Reposar es una actividad dirigida por el Espíritu Santo

Uno de los grandes beneficios de orar en lenguas es que nos sensibiliza a la dirección del Espíritu Santo. Un hermano de nuestra iglesia estaba siendo atormentado por ataques de pánico y depresión al punto de intentar suicidarse. Además tenía otros problemas de salud por lo que debía tomar muchos medicamentos para poder dormir un poco.

Él comenzó a orar en lenguas luego de escucharme predicar sobre este tema y experimentó la paz divina. Cada día oraba en lenguas. Cuanto más lo hacía, más se sintonizaba con la dirección del Espíritu en áreas como su dieta, su medicación y su salud. Dirigido por el Espíritu, ¡finalmente pudo salir de ese tormento de nueve años!

Amigo mío, el reposo no es inactividad o pereza sino **una actividad dirigida por el Espíritu Santo.** Cuanto más ore en lenguas, más sentirá la dirección del Espíritu. ¡Él lo guiará para que salga del valle de depresión, deudas o enfermedad y lo llevará a un lugar alto de salud y plenitud!

Porque yo recibí del Señor lo que también os he enseñado: Que
el Señor Jesús, la noche que fue entregado, tomó pan; y habiendo
dado gracias, lo partió, y dijo: Tomad, comed; esto es mi cuerpo
que por vosotros es partido; haced esto en memoria de mí.
—1 Corintios 11:23-24

Y tomando la copa, y habiendo dado gracias, les dio, diciendo:
Bebed de ella todos; porque esto es mi sangre del nuevo pacto,
que por muchos es derramada para remisión de los pecados.
—Mateo 26:27-28

Cuando Jesús hubo tomado el vinagre, dijo: Consumado
es. Y habiendo inclinado la cabeza, entregó el espíritu.
—Juan 19:30

Comunión diaria con el Señor

¿Por qué tomamos la Santa Comunión? ¿Es para obtener algo del Señor? No, tomar la comunión nos recuerda lo que Jesús **ya** proveyó y logró para nosotros en la cruz.

Amigo mío, ¿Jesús ya ha hecho provisión por nuestros pecados en la cruz? ¡Sí! Por lo tanto, usted ya no tiene que vivir sintiéndose condenado por sus pecados. ¿Jesús ya ha hecho provisión para nuestras enfermedades en la cruz? ¡Sí! Por lo tanto, no tiene que aceptar la enfermedad en su cuerpo y puede comenzar a confiar en Jesús para recibir una sanidad total. ¿Jesús ya ha hecho provisión para nuestras carencias en la cruz? ¡Sí! Entonces usted no tiene que seguir aceptando esas carencias y puede comenzar a creer que la abundancia de Jesús comienza a fluir y a manifestarse en su vida.

Amado, tome diariamente la comunión y obtenga una revelación fresca de todos los bienes que Jesús ha provisto a través de su obra consumada.

page136

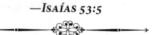

> *Mas él herido fue por nuestras rebeliones, molido*
> *por nuestros pecados; el castigo de nuestra paz fue*
> *sobre él, y por su llaga fuimos nosotros curados.*
> —Isaías 53:5

> *…quien llevó él mismo nuestros pecados en su cuerpo sobre*
> *el madero, para que nosotros, estando muertos a los pecados,*
> *vivamos a la justicia; y por cuya herida fuisteis sanados.*
> —1 Pedro 2:24

Una familia es sanada de alergia a ciertos alimentos

Una dama del Reino Unido nos escribió para compartir cómo tomar la comunión diariamente y **ver la obra consumada de Jesús**, los liberó a ella y a su familia de una intolerancia al gluten y a los alimentos lácteos.

*Ninguno de nosotros podía ingerir alimentos lácteos o que contuvieran gluten. Nuestra dieta era muy estricta… Sin embargo, cuando escuchamos los mensajes sobre la Santa Comunión y el intercambio perfecto que Jesús hizo en la cruz, decidimos que esa tenía que ser la verdad y que por consiguiente **ya habíamos sido sanados**.*

*Tomamos la Santa Comunión declarando que por las llagas de Jesús **ya hemos sido curados** y desde ese día hemos estado comiendo normalmente… ¡Desde hace más de un año, estamos completamente bien y pudimos probar nuevas comidas!*

Amado, la obra ya fue hecha. ¡Cada vez que sostenga el pan y la copa en sus manos creyendo esto, usted recibirá la provisión de salud de Jesús para su cuerpo!

*Aderezas mesa delante de mí en presencia de mis angustiadores;
unges mi cabeza con aceite; mi copa está rebosando. Ciertamente
el bien y la misericordia me seguirán todos los días de mi
vida, y en la casa de Jehová moraré por largos días.*

—SALMO 23:5-6

*Levántese Dios, sean esparcidos sus enemigos, y
huyan de su presencia los que le aborrecen.*

—SALMO 68:1

*Jehová derrotará a tus enemigos que se levantaren contra ti; por un
camino saldrán contra ti, y por siete caminos huirán de delante de ti.*

—DEUTERONOMIO 28:7

Una mesa en presencia de sus enemigos

Afligida y devastada cuando su hija de 18 años le dijo que la odiaba y se fue de la casa, una madre de Texas desarrolló problemas de alta presión arterial y comenzó a tener serias hemorragias.

Un día, ella sintonizó uno de mis programas de televisión y me escuchó predicar sobre la obra consumada de Jesús en el Calvario. Obtuvo mi serie sobre la Santa Comunión y cada día la escuchaba y confiaba en que la obra consumada de Jesús podía sanar su cuerpo y restaurar su relación con su hija.

Seis meses más tarde, esta misma mamá me escribió para decirme que su alta presión arterial había sido sanada y ya no tenía hemorragias. Además, Dios restauró su relación con su hija, que regresó al hogar. Hoy, ella toma diariamente la comunión con su esposo y sus hijos y experimenta la vida familiar bendecida que alguna vez fue solo un sueño. Amado, no importa cuan mal puedan estar las cosas hoy, ¡repose en la obra terminada de Jesús viniendo a la mesa del Señor para recibir su victoria, restauración y plenitud!

A pesar de todo esto, él cargó con nuestras enfermedades y soportó nuestros dolores. Nosotros pensamos que Dios lo había herido y humillado. Pero él fue herido por nuestras rebeliones, fue golpeado por nuestras maldades; él sufrió en nuestro lugar, y gracias a sus heridas recibimos la paz y fuimos sanados.

—ISAÍAS 53:4-5, TLA

Ustedes saben que nuestro Señor Jesucristo era rico, pero tanto los amó a ustedes que vino al mundo y se hizo pobre, para que con su pobreza ustedes llegaran a ser ricos.

—2 CORINTIOS 8:9, TLA

Molido por nuestro completo bienestar

¿Cómo se produce el aceite para la unción? Aplastando aceitunas en una prensa para extraer el aceite. Esto es una preciosa imagen de la presión que vivió nuestro Señor Jesús, que comenzó en el huerto de Getsemaní. Getsemaní significa literalmente "prensa de aceite".

La Biblia nos dice que Él fue *herido* por nuestras rebeliones. *Molido* por nuestros pecados. El *castigo* de nuestra paz fue sobre Él, y por su *llaga* fuimos nosotros curados.

Jesús vino para ser molido por nosotros. Vino para ser golpeado, azotado y herido. ¿Por qué? ¡Para que todo lo que Él es —salud, vida, integridad, abundancia, fecundidad, gracia, bondad—, pueda fluir como aceite dorado en nuestras vidas!

Amigo mío cada vez que utilice el aceite de la unción para sanidad, provisión o protección, recuerde que Jesús ya ha sido molido por su total bienestar. Vea la obra finalizada y entre en su reposo. ¡Así es como usted recibe su victoria!

...puestos los ojos en Jesús, el autor y consumador de la fe, el cual por el gozo puesto delante de él sufrió la cruz, menospreciando el oprobio, y se sentó a la diestra del trono de Dios.

—**HEBREOS 12:2**

Con Cristo estoy juntamente crucificado, y ya no vivo yo, mas vive Cristo en mí; y lo que ahora vivo en la carne, lo vivo en la fe del Hijo de Dios, el cual me amó y se entregó a sí mismo por mí.

—**GÁLATAS 2:20**

...al que cree todo le es posible.

—**MARCOS 9:23**

Descanse en Jesús, cuya fe nunca flaquea

¿Sabía que a veces nuestra fe puede obstaculizar el camino para que recibamos nuestros milagros? ¿Cómo? Cuando nuestra fe está en nuestra fe y nos preocupamos por esto. En lugar de mirar a Jesús, nos miramos a nosotros mismos y preguntamos: "¿Tengo suficiente fe?" o "¿He orado con suficiente fe?".

Amigo mío no se trata de que tenga fe en su fe, ¡sino fe en la persona de JESÚS, cuya fe es perfecta y nunca vacila! Cuando esté absorto en Jesús—su bondad, gracia y compasión hacia usted—, usted tendrá una fe inconsciente. ¡Cuando usted ve su gracia, Dios ve su fe!

Amado deje de intentar hacer acopio de fe. Simplemente descanse en Cristo quien tiene toda la fe para su milagro. Jesús no tiene dudas de que su obra terminada es suficiente para hacer que usted avance. Todo lo que tiene que hacer es ver su gracia y adherirse a su fe que nunca vacila. ¡Y recibir la provisión y la promoción que necesita!

*¿Está alguno enfermo entre vosotros? Llame a los ancianos de
la iglesia, y oren por él, ungiéndole con aceite en el nombre
del Señor. Y la oración de fe salvará al enfermo, y el Señor lo
levantará; y si hubiere cometido pecados, le serán perdonados.*

—**Santiago 5:14-15**

*Acontecerá en aquel tiempo que su carga será quitada de tu hombro,
y su yugo de tu cerviz, y el yugo se pudrirá a causa de la unción.*

—**Isaías 10:27**

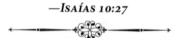

*Cristo hizo suyos nuestros pecados, y por eso murió en
la cruz. Lo hizo para que nosotros dejemos por completo
de hacer el mal, y vivamos haciendo el bien. Cristo
fue herido para que ustedes fueran sanados.*

—**1 Pedro 2:24, tla**

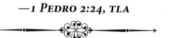

... por su llaga fuimos nosotros curados.

—**Isaías 53:5**

Salud mediante el aceite, el pan y el vino

Un hermano de Nueva Zelanda compartió conmigo un increíble testimonio de sanidad. Después de someterse a dos cirugías, le fue diagnosticado cáncer de próstata de grado ocho y recibió un sombrío informe de su especialista.

Una pareja, que eran ancianos en su iglesia, lo ungieron con aceite y oraron por él. Sintió el poder de Dios correr a través de su cuerpo. Después de esto, su esposa lo ungía cada noche con una botella de aceite, oraban y tomaban la comunión juntos. Sus síntomas comenzaron a desaparecer y empezó a sentirse mucho mejor.

En su siguiente reconocimiento médico, su especialista se asombró. Ella declaró que el informe de su análisis de sangre era fantástico porque mostraba todos los indicadores en el rango normal.

Amado, el aceite, el pan y el vino representan la obra terminada de Jesús en la cruz. Jesús entregó su propio cuerpo para que fuera castigado por la sanidad de las enfermedades y aflicciones de usted. ¡Descanse en la realidad de que por sus llagas somos nosotros sanados!

Jesús es el
único cuya fe
nunca vacila.

Aférrese a su
fe inquebrantable
y *reciba*
su provisión.

Ustedes viven siempre angustiados y preocupados.
Vengan a mí, y yo los haré descansar.
Obedezcan mis mandamientos y aprendan de mí,
pues yo soy paciente y humilde de verdad.
Conmigo podrán descansar.
Lo que yo les impongo no es difícil de cumplir,
ni es pesada la carga que les hago llevar.
—MATEO 11:28-30, TLA

Jesús le da verdadero reposo

Jesús vivió en los ritmos no forzados de la gracia. Todo lo que Él decía y hacía era hermoso, perfectamente sincronizado. Siempre estaba en el lugar correcto en el momento correcto haciendo lo correcto, cada una de sus palabras y hechos subieron al Padre como un olor fragante.

Amigo mío, Jesús quiere que usted aprenda los ritmos no forzados de su gracia. Quiere que fluya con Él. No es difícil de seguir: su yugo no es pesado ni gravoso. Es fácil y ligero. Cuando usted ande en sus caminos, encontrará el verdadero reposo.

Amado, los caminos de Jesús no son impulsivos e impacientes. Nunca lo invitará a gastar más de lo que tiene. Nunca lo llevará a un lugar de escasez. En cambio, lo llevará a ver la bondad de Dios que ya es evidente en su vida. Lo guiará a un paso exacto y diligente de un nivel de crecimiento a otro. Mientras usted siga en su compañía, Él le enseñará cómo vivir la vida de Cristo.

*Jehová se manifestó a mí hace ya mucho tiempo, diciendo: Con
amor eterno te he amado; por tanto, te prolongué mi misericordia.*

—JEREMÍAS 31:3

*Como el Padre me ha amado, así también yo
os he amado; permaneced en mi amor.*

—JUAN 15:9

*Por lo cual estoy seguro de que ni la muerte, ni la vida, ni ángeles,
ni principados, ni potestades, ni lo presente, ni lo por venir, ni
lo alto, ni lo profundo, ni ninguna otra cosa creada nos podrá
separar del amor de Dios, que es en Cristo Jesús Señor nuestro.*

—ROMANOS 8:38-39

Usted es el discípulo a quien Jesús ama

Yo pensaba que de todos los discípulos que Jesús amaba, Juan era el más amado por el Señor, porque la Biblia lo llama "el discípulo a quien Jesús amaba". Hasta que un día descubrí que la frase "el discípulo a quien Jesús amaba" solo aparece en el Evangelio del propio Juan. En otras palabras, ¡fue Juan quien se llamó a sí mismo el discípulo a quien Jesús amaba!

¿Era arrogante Juan? ¿Lo amó Jesús más que al resto? No, ¡Jesús amaba a los doce discípulos por igual, pero Juan personalizó y se aplicó el amor de Jesús a él!

Mi amigo, eso es lo que usted debe hacer. No se limite a decir: "Sí, sí, Jesús ama *a todos*". Diga: "¡Jesús ME ama!" Diga: "¡**Yo** soy el estudiante a quien Jesús ama!", o "¡**Yo** soy el discípulo a quien Jesús ama!" o "¡**Yo** soy la mamá a quien Jesús ama!". Todos los días, personalice, aplíquese y repose en el amor de Jesús por usted. ¡Espere que le sucedan cosas buenas cuando crea que Jesús lo ama a USTED de una manera íntima y personal!

… Tú eres mi Hijo amado; en ti tengo complacencia.

—**MARCOS 1:11**

*…para alabanza de la gloria de su gracia, con
la cual nos hizo aceptos en el Amado.*

—**EFESIOS 1:6**

*Y metiendo David su mano en la bolsa, tomó de allí una
piedra, y la tiró con la honda, e hirió al filisteo en la frente; y
la piedra quedó clavada en la frente, y cayó sobre su rostro en
tierra. Así venció David al filisteo con honda y piedra; e hirió
al filisteo y lo mató, sin tener David espada en su mano.*

—*1 SAMUEL 17:49-50*

Reconozca que es el amado de Dios y triunfe

Cuando Jesús salió de las aguas del bautismo, los cielos se abrieron, el Espíritu descendió sobre él, y el padre le dijo: "Tú eres mi Hijo amado; en ti tengo complacencia". Luego, yendo al desierto en el poder de saber que era el amado del Padre, nuestro Señor Jesús venció cada una de las tentaciones del diablo.

Mi amigo, cuando sepa que *usted* es el amado del Padre porque está en Cristo el Amado, tendrá el poder de superar todos los retos que el diablo le depare. Usted probablemente esté familiarizado con la historia de David y Goliat. Pero ¿sabía que el nombre de David significa "amado"? ¡Se necesita alguien que sabe que es amado por Dios para derribar a los gigantes de la vida!

Así que si su gigante es una crisis financiera, una enfermedad crónica o una adicción destructiva, descanse en el conocimiento de que es el amado de Dios. ¡Esto lo fortalecerá y sostendrá, y le dará la fe, el favor y la sabiduría para derribar a sus gigantes!

Suceden cosas buenas
cuando *usted*
cree que
*Jesús lo
ama.*

U

USTED es el
amado de Dios,
en quien Él se
complace.

*Y nosotros hemos conocido y creído el amor que Dios
tiene para con nosotros. Dios es amor; y el que permanece
en amor, permanece en Dios, y Dios en él.*

—1 JUAN 4:16

*¡Cuán preciosa es, oh Dios, tu misericordia! Por eso los
hijos de los hombres se refugian a la sombra de tus alas.*

—SALMO 36:7, LBLA

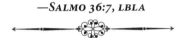

*Y esta es la confianza que tenemos en él, que si pedimos
alguna cosa conforme a su voluntad, él nos oye. Y si sabemos
que él nos oye en cualquiera cosa que pidamos, sabemos
que tenemos las peticiones que le hayamos hecho.*

—1 JUAN 5:14-15

Las bendiciones del amado del Señor

Jesús ME ama. Tres sencillas palabras que pueden hacer una gran diferencia en su vida cuando usted las cree.

Por algún tiempo, una preciosa señora de los Países Bajos había estado confiando en que Dios le brindaría una provisión financiera. Entonces vio una de mis transmisiones por televisión y recibió una revelación de cuanto la ama el Señor. Por primera vez, oró por su necesidad económica con la revelación de que Jesús la amaba. "Ese mismo día", dijo ella, "dos nuevos clientes me llamaron. Una semana después, le volví a pedir a Dios que me proveyera, simplemente confiando y descansando en su amor por mí. ¿Sabe una cosa? Me llamaron tres nuevos clientes. Ahora, sé que es porque Jesús me ama que me bendice. No es por lo que he hecho o dejado de hacer. Captar la revelación de esta verdad ha hecho una diferencia tal que la comparto con mi familia, parientes y todas las personas que conozco".

Grandes avances suceden y cosas sorprendentes pueden comenzar a ocurrirle cuando usted realmente cree cuánto lo ama Jesús.

Jesús le dijo: Las zorras tienen guaridas,
y las aves del cielo nidos; mas el Hijo del Hombre
no tiene dónde recostar su cabeza.

—**MATEO 8:20**

Cuando Jesús hubo tomado el vinagre, dijo:
Consumado es.
Y habiendo inclinado la cabeza, entregó el espíritu.

—**JUAN 19:30**

¿Quién nos separará del amor de Cristo?
¿Tribulación, o angustia, o persecución, o hambre,
o desnudez, o peligro, o espada?
Como está escrito:
Por causa de ti somos muertos todo el tiempo;
Somos contados como ovejas de matadero.
Antes, en todas estas cosas somos más que
vencedores por medio de aquel que nos amó.

—**ROMANOS 8:35-37**

Más que vencedores por medio del amor de Jesús

Jesús dijo: "Las zorras tienen guaridas, y las aves del cielo nidos; mas el Hijo del hombre no tiene dónde **recostar** su cabeza". Encuentro tan hermosa esta declaración. Déjeme decirle por qué.

En el texto original griego la palabra para "recostar" es un vocablo muy singular, *klino*. El único lugar donde también se utiliza respecto a Jesús descansando su cabeza, es en la cruz. Cuando Jesús estaba en la cruz y exclamó: "Consumado es" la Biblia dice: "Y habiendo **inclinado** la cabeza, entregó el espíritu". La palabra "inclinado" de aquí es la misma palabra griega *klino*.

Amado, fue solo en la cruz donde el Hijo del hombre encontró por fin un lugar para descansar su cabeza. Jesús encontró su *reposo* en redimirnos, en **amarnos**. Nosotros, a nuestro turno, encontramos *reposo* en alimentar el amor sacrificial que nos tiene. Cualquiera que sea el reto o necesidad a que usted se enfrente hoy, ¡Él lo ha hecho más que vencedor por medio de su amor!

...porque todas las promesas de Dios son en él Sí, y en él
Amén, por medio de nosotros, para la gloria de Dios.
—2 Corintios 1:20

Cada uno según el don que ha recibido, minístrelo a los otros,
como buenos administradores de la multiforme gracia de Dios.
—1 Pedro 4:10

Te abrirá Jehová su buen tesoro, el cielo, para enviar la
lluvia a tu tierra en su tiempo, y para bendecir toda obra
de tus manos. Y prestarás a muchas naciones, y tú no
pedirás prestado. Te pondrá Jehová por cabeza, y no por
cola; y estarás encima solamente, y no estarás debajo...
—Deuteronomio 28:12-13

Porque yo sé muy bien los planes que tengo para
ustedes —afirma el Señor—, planes de bienestar y no de
calamidad, a fin de darles un futuro y una esperanza.
—Jeremías 29:11, nvi

Levántese y resplandezca

Amado, todas las promesas de provisión de Dios para usted son *sí* y *amén*. Ahora mismo quiero que diga estas palabras en voz alta:

Declaro que soy especial a los ojos de Jesús y que Él me ama incondicionalmente. Tengo un destino increíble. Jesús me ha dotado de dones, talentos y habilidades. Hoy recibo la abundancia de gracia y el don de justicia para reinar en la vida. Doy gracias porque su favor me rodea como un escudo y abre puertas de oportunidades para mí. Gracias a Jesús, voy a ser la cabeza y no la cola, estaré arriba y no abajo, seré el prestamista y no el prestatario. No voy a sufrir escasez sino que estaré rodeado de su abundancia, su sabiduría, su paz y su protección.

Gracias, Jesús, por tu obra terminada en la cruz por mí. Recibo ahora una nueva revelación de tu amor y te agradezco que todo lo que toquen mis manos será bendecido. Creo con todo mi corazón que soy grandemente bendecido, muy favorecido y profundamente amado. ¡Amén!

Oraciones

Oración para salvación

Si usted quisiera recibir todo lo que Jesús ha hecho a su favor y hacerlo su Señor y Salvador personal, por favor haga esta oración:

> *Señor Jesús, gracias por amarme y morir por mí en la cruz. Tu preciosa sangre me limpia de todo pecado. Tú eres mi Señor y Salvador, ahora y para siempre. Yo creo que tú resucitaste de entre los muertos y que estás vivo hoy. Por tu obra terminada, soy un amado hijo de Dios y el cielo es mi hogar. Gracias por darme la vida eterna y llenar mi corazón con tu paz y tu gozo. Amén.*

Oración por la Santa Comunión

Mientras participa de la Santa Comunión, siga viendo y declarando que ha sido sanado por las llagas de Jesús. Siga viendo y declarando que su sangre ha lavado todos sus pecados y lo califica para recibir todas las bendiciones de Dios, incluyendo su justicia, provisión y restauración.

Sostenga el pan en la mano y declare lo siguiente:

Gracias, Jesús, por tu cuerpo partido. Gracias por llevar mis síntomas y enfermedades en la cruz para que yo pueda tener tu salud y plenitud. Declaro que por tus llagas, por los golpes que recibiste, por los latigazos que cayeron sobre tu espalda, soy completamente sano. Yo creo y recibo tu vida de resurrección en mi cuerpo hoy. (Coma el pan.)

Luego, tome la copa en su mano y diga lo siguiente:

Gracias Jesús, por tu sangre que me ha lavado más blanco que la nieve. Tu sangre me ha traído perdón y me ha hecho justo para siempre. Mientras bebo, celebro y participo de la herencia de los justos, que incluye la provisión, la restauración y la plenitud en todas las áreas de mi vida. (Beba el vino.)

Gracias, Jesús te amo porque tú me amaste primero.

Oración por el aceite de la unción

Usted puede acercarse a un pastor o líder de la iglesia para que ore y consagre el aceite para usted. Como rey y sacerdote en Cristo (Apocalipsis 1:6), usted también puede orar sobre el aceite y apartarlo para que sea santo. Esta es una oración para bendecir y santificar su aceite:

En el nombre de Jesús, coloco aparte este aceite para que sea aceite para la santa unción.

Jesús, te doy gracias porque fuiste molido por mi completa sanidad e integridad. Este aceite para la santa unción habla de la perfección de tu obra terminada. Te doy gracias porque la plenitud de tu gracia, poder, provisión y virtud curativa fluirán sobre todo lo que este aceite toque, conforme a tu Palabra en Marcos 6:13, Santiago 5:14 e Isaías 10:27.

Oro que dondequiera que este aceite se aplique, traiga gloria y alabanzas a tu nombre. Amén.

Nos gustaría saber de usted

Si usted ha orado la oración de salvación o si tiene un testimonio para compartirnos luego de leer este libro, por favor envíenos un correo electrónico a:

info@josephprince.com

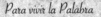

Te invitamos a que visites nuestra página web, donde podrás apreciar la pasión por la publicación de libros y Biblias:

www.casacreacion.com

Para vivir la Palabra